Hamburger Abendblatt

DANKSAGUNG

Autor, ZEIT-Stiftung Ebelin und Gerd Bucerius und der Verlag danken allen, die durch Informationen, Bereitstellung von Bildmaterial, die Durchsicht des Manuskripts und vielfältige Anregungen zum Gelingen dieses Buches beigetragen haben. Besonderer Dank gilt Helmut Leppin und Martin Ohse aus Güstrow, Martin Rost aus Stralsund und Friedrich Drese aus Malchow, ohne deren Hilfe das Projekt nicht hätte verwirklicht werden können.

Matthias Gretzschel

Orgeln in Mecklenburg-Vorpommern

FÜR DIE ZUKUNFT GERETTET

Mit Fotografien von Michael Lange

Hamburger Abendblatt

ZEIT-Stiftung Ebelin und Gerd Bucerius

Inhalt

Zum Geleit

In den letzten Jahren konnte man viel lesen über einsturzgefährdete Dorfkirchen in Mecklenburg-Vorpommern. Dass die Orgeln dieser Kirchen kaum minder bedroht waren, drang hingegen nur selten an die Öffentlichkeit. Dabei ging es um den Fortbestand einer der vielseitigsten Orgellandschaften Europas: Mehr als die Hälfte der knapp eintausend vorwiegend aus dem 18. und 19. Jahrhundert stammenden Instrumente galt als akut bedroht, fast zweihundert trugen den amtlichen Vermerk »nicht mehr spielfähig«. Auf der Grundlage eines vom Unterzeichner konzipierten Projektentwurfes beschloss das Kuratorium der ZEIT-Stiftung im April 2000 ein mit 800.000 € ausgestattetes Programm zur Restaurierung von Orgeln mit hohem Denkmalwert in Mecklenburg-Vorpommern. Schnell stellte sich heraus, dass die zur Verfügung stehenden Stiftungsmittel nicht ausreichen würden, um auch nur die wichtigsten der vielen erhaltenswerten Instrumente zu sichern. Glücklicherweise fanden sich weitere Förderer, allen voran die Hermann Reemtsma Stiftung, die Deutsche Stiftung Denkmalschutz, die Landeskirchen Mecklenburg und Pommern sowie das Landesamt für Denkmalpflege Mecklenburg-Vorpommern. Sie alle ließen sich von der Idee überzeugen, so dass nun insgesamt 36 Orgeln, barocke und romantische, große und kleine, für die Zukunft gerettet werden können.

Ein eigens eingesetzter Fachbeirat hat mehr als 30 Orgeln vor Ort eingehend geprüft. Auf der Grundlage dieser Begutachtung wurden die Entscheidungen getroffen, welche Instrumente berücksichtigt werden können und wie sie restauriert werden sollen. Bis heute sind 26 Instrumente vollständig restauriert, im Lauf des Jahres 2003 werden acht weitere folgen. Das Programm soll mit den beiden Orgeln in Malchin und Sagard im Spätsommer 2004 seinen Abschluss finden. Um dieses Engagement angemessen zu dokumentieren, wurde der vorliegende Orgelführer geschrieben, im Jahr 2004 wird eine umfassende Dokumentation mit Klangbeispielen folgen.

Ein Orgelrestaurierungsprogramm dieses Ausmaßes erfolgreich umzusetzen erfordert besonderes Engagement und außergewöhnlichen Einsatz vieler Menschen und Institutionen. Unser Dank gilt den vielen Orgelbauwerkstätten, die sich mit großer Leidenschaft für die Erhaltung der einzigartigen Orgellandschaft in Mecklenburg-Vorpommern eingesetzt haben. Außergewöhnliches Engagement brachte der ehrenamtliche Orgelfachbeirat auf mit Wolfgang Leppin, Martin Ohse und Martin Rost als Vertretern der beiden Landeskirchen sowie Professor Uwe Röhl und Günter Seggermann. Ohne die Großzügigkeit privater Einrichtungen und Personen sowie öffentlicher Förderer hätte das Programm nicht ins Werk gesetzt werden können. Hervorzuheben sind hier besonders Hermann-Hinrich Reemtsma und Jochen Münnich von der Hermann Reemtsma Stiftung, Dr. Robert Knüppel von der Deutschen Stiftung Denkmalschutz, die Oberkirchenräte von Mecklenburg und Pommern, Andreas Flade und Dr. Christoph Poldrack, sowie Horst Ende vom Landesamt für Denkmalpflege Mecklenburg-Vorpommern. Besonderer Dank gebührt den vielen aktiven Menschen in den Kirchengemeinden, die sich mit dem Schweigen ihrer Orgeln nicht abfinden wollten. Schließlich danken wir dem Hamburger Abendblatt, das mit dem vorliegenden Buch die Instrumente einem breiten Kreis von Orgelfreunden nahe bringt, und Michael Lange für das eindrucksvolle Bildmaterial. In der ZEIT-Stiftung danken wir Dr. Hannah Jacobmeyer für die Projektassistenz und Frauke Hamann für die Realisierung dieses Reise- und Kulturführers.

Dr. Philipp Adlung, Programmleiter
ZEIT-Stiftung Ebelin und Gerd Bucerius

DEI GRATIA
FINITUM

Einführung

Blick in das Orgelmuseum in der mecklenburgischen Stadt Malchow.

Für die Zukunft gerettet: Orgeln in Mecklenburg-Vorpommern

Ein Führer zu restaurierten Instrumenten

Ob die Kirche im Dorf bleibt, ist in Mecklenburg-Vorpommern längst zur offenen Frage geworden. Viele der jahrhundertealten Kirchengebäude im nordöstlichen Bundesland sind akut bedroht. 40 Jahre Sozialismus haben zu einer Säkularisierung geführt, die tiefe Spuren auch in der Bausubstanz des Landes hinterlassen hat. Jedes Bauwerk braucht eine Funktion, und wenn es mancherorts kaum noch eine christliche Gemeinde gibt, so ist es auch um die Gotteshäuser schlecht bestellt. Entsprechend desolat ist häufig der Zustand ihrer Ausstattung, vor allem der Orgeln. Selbst wenn es unter großen Mühen gelingt, die Kirchen zu sanieren, fehlt danach meist das Geld für die Restaurierung dieser Instrumente.

Der Bindestrich in der Landesbezeichnung weist darauf hin, dass es sich bei Mecklenburg und Vorpommern ursprünglich um zwei Länder mit jeweils eigener Geschichte handelt. Erst nach dem Zweiten Weltkrieg gab es von 1945 bis 1952 ein gemeinsames Land, das aus Mecklenburg, dem Amt Neuhaus und dem westlich der Oder gelegenen Teil der früheren preußischen Provinz Pommern gebildet wurde. Der geographische Begriff Vorpommern war schon 1947 auf Befehl der sowjetischen Besatzungsmacht gestrichen worden. Wer zu DDR-Zeiten den Begriff »Pommern« benutzte, stand sogleich unter dem Verdacht des Revanchismus. Erst mit der Neugründung des Landes Mecklenburg-Vorpommern am 3. Oktober 1990 bestand wieder die Möglichkeit, sich der eigenen Geschichte und Tradition zu versichern und eine eigene kulturelle Identität zu entwickeln. Mecklenburg und Vorpommern sind zwar in einem Bundesland vereint, dennoch verfügen sie über verschiedenartige historische Prägungen. Das zeigt schon die bis heute gültige kirchliche Gliederung: Es gibt die Pommersche Evangelische Kirche mit dem Bischofssitz in Greifswald und die Evangelisch-Lutherische Landeskirche Mecklenburg, deren Landesbischof in Schwerin amtiert.

Obwohl sich beide Landesteile jahrhundertelang eigenständig entwickelt haben, gibt es viele kulturelle Gemeinsamkeiten. Das betrifft auch die Orgellandschaft: Während etwa in Sachsen – vor allem durch die von Gottfried Silbermann begründete Tradition – Instrumente aus dem 18. Jahrhundert prägend sind, ist für Mecklenburg wie Vorpommern eine spätere Entwicklung im Orgelbau maßgebend geworden. Natürlich gibt es auch im nordöstlichen Bundesland barocke Orgeln aus dem 17. und 18. Jahrhundert, doch die meisten der historischen Instrumente, insgesamt etwa 750, stammen aus dem 19. Jahrhundert. Sie wurden vor allem von den Firmen Friese, Lütkemüller, Grüneberg, Mehmel oder der bekannten Orgelbauerfamilie Sauer aus Frankfurt an der Oder gebaut.

In keinem anderen deutschen Bundesland sind so dicht gedrängt alle Varianten des romantischen Orgelbaus zu finden. Um diesen einzigartigen Reichtum zu bewahren, hat die ZEIT-Stiftung Ebelin und Gerd Bucerius im Jahr 2000 ein »Rettungsprogramm« von 800.000 € aufgelegt, zu dem die beiden Landeskirchen insgesamt 1.200.000 € und die Hermann Reemtsma Stiftung 500.000 € beisteuerten, so dass ein Gesamtetat von 2.500.000 € zu Stande kam. »Im Sommer 2000 wurde das Programm allen Kirchengemeinden in Mecklenburg-Vorpommern bekannt gemacht. Bis Ende Oktober hatten bereits 38 Gemeinden Förderanträge gestellt«, berichtet Dr. Philipp Adlung, der die Kulturprojekte der ZEIT-Stiftung leitet.

Inzwischen ist das Restaurierungsprogramm weitgehend realisiert worden. Insgesamt wurden 39 Anträge bewilligt, was die Restaurierung von 36 Instrumenten möglich machte. Der Förderbetrag der Stiftung betrug maximal 50 Prozent der jeweils veranschlagten Kosten. Für die andere Hälfte musste die Kirchengemeinde selbst aufkommen oder weitere Geldgeber finden. So erhielten viele Gemeinden erstmals die Chance, ihre Orgeln zu restaurieren. Um das zu erreichen, mussten sie sich in hohem Maß, oft bis an den Rand ihrer finanziellen Leistungsfähigkeit, engagieren. Umso eindrucksvoller war der Erfolg des Programms. »Durch die Förderung haben wir viele Instrumente retten können, die sonst für immer verloren gewesen wären«, sagt Wolfgang Leppin, der Orgelsachverständige der Mecklenburgischen Landeskirche. Und Martin Rost, sein pommerscher Kollege, fügt hinzu: »Das Programm hat uns innerhalb von kurzer Zeit zehn bis 15 Jahre vorangebracht.« Auch wenn das Restaurationsprogramm nur in Einzelfällen helfen konnte und es darüber hinaus noch viele dringend restaurierungsbedürftige Orgeln gibt, trägt es erheblich dazu bei, dass die reiche und interessante Orgellandschaft im Nordosten Deutschlands nicht nach und nach verstummen wird.

Das Mecklenburgische Orgelmuseum

In Malchow besteht seit 1997 ein Museum, das sich um die Erhaltung wertvoller historischer Instrumente bemüht. Es ist in der Klosterkirche untergebracht, einem stattlichen neugotischen Backsteinbau aus der ersten Hälfte des 19. Jahrhunderts, der nicht mehr kirchlich genutzt wird und inzwischen in städtisches Eigentum übergegangen ist. Ausstattung und Ausmalung des historistischen Kirchenraums befinden sich noch weitgehend im Originalzustand. Nur Teile des Gestühls wurden entfernt, um Raum für die hier ausgestellten Orgeln zu schaffen. Die Instrumente kommen in der Regel als Leihgaben an das Museum. »Keine Gemeinde gibt ihre Orgel ohne Not ab, aber manchmal ist es die einzige Möglichkeit«, sagt Museumsleiter Friedrich Drese. »Wenn sie ihr Instrument an uns verleihen, ist das oft die letzte Rettung. Die Orgel wird dann durch unsere Mitarbeiter abgebaut, für das Museum aufbereitet und aufgestellt, bleibt aber Eigentum der Gemeinde.«

Orgel aus Gadow bei Wittstock, gebaut 1856 von Fr. H. Lütkemüller. Im Hintergrund: Orgel von Friedrich Friese (III), gebaut 1890 für die Klosterkirche Malchow.

Die sechs Orgeln, die schon jetzt im Schiff der Malchower Klosterkirche stehen und den Besuchern des Museums auch klanglich vorgestellt werden, sind repräsentativ für die Orgellandschaft in Mecklenburg-Vorpommern, die vor allem durch das 19. Jahrhundert geprägt ist. Dass sich im Nordosten der Bundesrepublik die Zeugnisse des romantischen Orgelbaus in besonders großer Zahl erhalten haben, ist vor allem der Not

Orgel aus Mesendorf b. Pritzwalk, gebaut 1882 von Fr. H. Lütkemüller.

zu danken, denn während der DDR-Zeit konnten die wenigsten Kirchengemeinden das Geld für Neu- oder Umbauten aufbringen. Aus heutiger Sicht ist das ein Glück, denn andernorts gingen viele romantische Orgeln verloren, weil sie dem am Barock orientierten Klangideal der so genannten »Orgelbewegung« nicht entsprachen und daher als minderwertig galten. Sie wurden entweder ersetzt oder umgebaut, wobei man sie pseudobarock umdisponierte und damit klanglich verfälschte.

Mecklenburgisches Orgelmuseum, Kloster 26, 17213 Malchow,
Tel. und Fax.: 03 99 32/125 37, E-mail: orgelmuseum@aol.com
April–Oktober, tägl. 10.00–17.00 Uhr, außerhalb dieser Zeiten nach Anmeldung: 01 71/5 05 56 85. Unter dieser Nummer kann man auch eine Führung bestellen.

Malchow, eine alte Stadt zwischen Seen und Wäldern

Das malerisch am Fleesensee gelegene Malchow erhielt bereits 1235 Stadtrecht. Ein 1298 gestiftetes und später von Zisterzienserinnen übernommenes Kloster wurde in der Reformationszeit aufgehoben. Die heutige Klosterkirche, in der sich das Orgelmuseum befindet, ist ein besonders schöner Bau des romantischen Historismus aus den Jahren 1844–49. Der hoch aufragende Turm bildet die städtebauliche Dominante. Die kleine Altstadt, die auf einer Insel im Malchower See liegt, ist über einen Damm erreichbar. Eine als technisches Denkmal ausgewiesene Drehbrücke verbindet sie mit der auf dem Festland gelegenen Neustadt. In Malchow kann man baden, Boote ausleihen, Schiffsausflüge oder Radtouren unternehmen, spazieren gehen oder die landschaftlich reizvolle Umgebung erwandern.

Info: Fleesensee-Touristik Malchow, Tel.: 03 99 32/831 86

Spieltisch einer Orgel mit elektrischer Traktur aus Weida/Thüringen, gebaut 1934.

Die Orgeln

Altentreptow
St. Petri

Die Petrikirche von Altentreptow ist eine dreischiffige Hallenkirche aus dem 14. und 15. Jahrhundert. Wer dieses großartige gotische Backsteingebäude betritt, wendet sich wohl zunächst dem Chorraum zu, in dem das – neben dem romanischen Taufstein und dem gotischen Chorgestühl – bedeutendste Kunstwerk des Gotteshauses steht: ein prachtvoller Flügelaltar. Er stammt aus der zweiten Hälfte des 15. Jahrhunderts und zeigt mit vielen geschnitzten Figuren die Marienkrönung, den segnenden Christus mit dem Stifterpaar, alt- und neutestamentliche Szenen sowie Heiligendarstellungen. Ihr heutiges Gepräge erhielt die Kirche durch eine umfangreiche neugotische Restaurierung, die 1865 durch den Architekten Friedrich August Stüler durchgeführt wurde.

Im Rahmen dieser Umgestaltung wurde auch die große Grüneberg-Orgel gebaut, deren Prospekt sich daher harmonisch in den Kirchenraum einfügt und zugleich einen eigenen gestalterischen Höhepunkt bildet. Der Stettiner Orgelbaumeister Barnim Grüneberg, der 1863 einen Kostenvoranschlag »zum Aufbau und zur Vergrößerung des Orgelwerkes« vorgelegt hatte, integrierte in sein neues Instrument Teile und Register einer 1812 von der Firma Buchholz aus Berlin gebauten Vorgänger-Orgel – eine glückliche Synthese. Neben den Orgeln in Barth und Demmin gehört die Altentreptower Grüneberg-Orgel zu den wertvollsten romantischen Instrumenten in der Pommerschen Landeskirche. Grüneberg hatte eine Erweiterung von 23 auf 28 Register und den Bau eines neuen Prospekts vorge-

schlagen und dafür – einschließlich aller in diesem Zusammenhang technisch notwendigen Arbeiten – einen Gesamtpreis von »1691,15 Reichstaler« angegeben. Da die Orgel heute über 31 Register verfügt, kann man davon ausgehen, dass Grüneberg seinen Leistungsumfang sogar noch erweiterte.

Im Jahr 1917, also während des Ersten Weltkriegs, musste die Kirchengemeinde die zinnernen Prospektpfeifen, die später durch Zinkpfeifen ersetzt wurden, für Rüstungszwecke ablie fern. 1928 erhielt das Instrument, das bis 1954 von der Orgelbaufirma Grüneberg aus Greifswald gepflegt wurde, einen elektrischen Winderzeuger. In den späten 1950er-Jahren wurde eine gründliche Instandsetzung sowie eine weitgehende Umdisponierung geplant. Glücklicherweise verzichtete man schließlich aus Kostengründen darauf, den Klangcharakter grundlegend zu verändern. Lediglich zwei Register wurden umdisponiert.

Angesichts der Tatsache, dass die Orgel seit 1962 nicht mehr in Stand gesetzt und zwischenzeitlich nur mangelhaft

Die Petrikirche ist eine dreischiffige Backsteinhalle aus dem 14./15. Jahrhundert, die 1865 durch Friedrich August Stüler neugotisch umgestaltet wurde.

gepflegt wurde, ist es erstaunlich, dass sie im Jahr 2000 überhaupt noch spielbar war. »Noch immer klingen viele der Register unglaublich schön. Eigentlich wünscht man sich nur, dass in jedem Register alle Töne funktionieren, die Tasten etwas weniger klappern und die Pfeifen gestimmt sind«, schrieb der Orgelrestaurator Christian Scheffler im Jahr 2000 in einem Gutachten, fügte dann aber hinzu: »Wenn man die Orgel eingehender untersucht, kommen natürlich Mängel zum Vorschein, die in absehbarer Zeit behoben werden müssen, um das Instrument mindestens das nächste halbe Jahrhundert in vollem Umfang und in seiner ganzen Schönheit spielen und hören zu können.«

Den Auftrag erhielt die Firma Scheffler, die alle notwendigen Instandsetzungsarbeiten bis zum Frühjahr 2003 ausführte, so dass die historische Grüneberg-Orgel in ihrer ursprünglichen Klangschönheit wiederhergestellt ist.

INFO Gottesdienste sonntags 10.15 Uhr, Informationen zu Konzerten unter Tel.: 0 39 61/21 03 52 (Kantor Erdmann-Michael Haerter); www.kirche-altentreptow.de
DIE ORGEL 1865 Barnim Grüneberg, Stettin – 1962 Umdisponierung, Hermann Eule, Bautzen – 2002/2003 Restaurierung, Christian Scheffler, Sieversdorf (bei Frankfurt/Oder) – II/P 31 – Mechanische Schleifladen

Altentreptow – Stadt im Tal der Tollense

Auf einem flachen Hügel im Tal der Tollense breitet sich die reichlich 7.000 Einwohner zählende Stadt aus, deren Erscheinungsbild durch ein regelmäßiges Straßennetz und eine Fachwerkbebauung aus dem 18. und 19. Jahrhundert geprägt wird. Markantestes Gebäude der Mitte des 13. Jahrhunderts gegründeten Stadt ist die gotische Pfarrkirche St. Petri. Von der mittelalterlichen Stadtbefestigung haben sich das gotische Neubrandenburger Tor und das im Kern ebenfalls gotische, jedoch im 19. Jahrhundert umgebaute Demminer Tor erhalten. Ein bedeutendes Naturdenkmal ist der »Große Stein« im Klosterhof, bei dem es sich um den zweitgrößten Findling Mecklenburgs handelt. Der Granit-Findling besitzt ein Volumen von 133 Kubikmetern und ist insgesamt 5,20 m hoch, allerdings reicht er nur in einer Höhe von 2,50 m aus dem Boden heraus.

AUSKUNFT Stadtverwaltung, Rathausstraße 1, Tel.: 039 61/255 10

Barth
St. Marien

St. Marien ist eine große gotische Backsteinhallenkirche, die im 13. bis 15. Jahrhundert erbaut wurde. Dem zweijochigen Rechteckchor aus dem 13. Jahrhundert wurde Anfang des 14. Jahrhunderts die dreischiffige Halle mit einer Länge von sechs Jochen angefügt. Die Nordsakristei und der 87 Meter hohe Westturm entstanden im 15. Jahrhundert. Zwar gibt es u. a. mit der Bronzetaufe aus dem 14. Jahrhundert und einem Epitaph für die Herzogin Clara von Pommern aus dem Jahr 1579 noch ältere Ausstattungsstücke, doch nachhaltig geprägt wird das Kircheninnere durch die neugotische Umgestaltung, die Friedrich August Stüler 1856 vornahm. Mit einem großen neugotischen Altarziborium und der reichen Ausmalung durch den Berliner Historienmaler Carl Gottfried Pfannschmidt bildet das Kircheninnere eines der bedeutendsten – und zugleich eines der wenigen weitgehend original erhaltenen – Raumkunstwerke des Historismus.

Die Orgel, die der Berliner Orgelbaumeister Johann Simon Buchholz gemeinsam mit seinem Sohn Carl August in der Marienkirche baute, wurde im Jahr 1821 geweiht. Sie gehört zu den größten Orgeln, die aus der ersten Hälfte des 19. Jahrhunderts bis heute erhalten geblieben sind. Angesichts der technischen und klanglichen Qualität handelt es sich um ein außerordentliches Instrument von europäischer Bedeutung. Es verbindet jahrhundertealte Orgelbautradition mit jenen technischen Neuerungen, die für die Interpretation von Werken der Romantik notwendig wurden. »In der Tat gibt es wohl kein zweites Instrument in Europa, das in so adäquater, eindrucksvoller Weise die Orgelkompositionen Mendelssohns und Schumanns zum Erklingen bringt«, schreibt Martin Rost, der die Barther Orgel in ihrer Bedeutung für Carl August Buchholz mit dem Stellenwert vergleicht, den die berühmte Freiberger Domorgel für den sächsischen Orgelbaumeister Gottfried Silbermann besaß. Nach dem Abriss und Neubau der Orgel im Greifswalder Dom in den 80er-Jahren des 20. Jahrhunderts ist sie nun das Buchholz-Instrument mit dem größten originalen Pfeifenbestand in Deutschland.

Als Johann Simon Buchholz das Barther Instrument baute, war er schon 63 Jahre alt. Deshalb liegt es nahe, dass ihm sein damals bereits in die Firma eingetretener Sohn Carl August nicht nur zur Hand ging, sondern erheblichen Einfluss auf die Planung der riesigen Orgel nahm. Die Orgel hatte 42 Register auf ursprünglich zwei Manualen und Pedal. Der Manualtonumfang reicht bis g'''. 35 Jahre nach der Orgelweihe wurde die Orgel – im Rahmen der neugotischen Restaurierung der Kirche – gestalterisch angepasst. An Stelle des ursprünglich

Backsteingotik wie aus dem Bilderbuch: Der Chor entstand im 13., das Schiff im 14. und der 87 Meter hohe Westturm im 15. Jahrhundert.

klassizistischen, vermutlich durch Karl Friedrich Schinkel beeinflussten Prospekts erhielt sie nun ein neugotisches Gehäuse. Carl August Buchholz, der wiederum die Arbeiten ausführte, legte damals bereits einen Kostenvoranschlag für ein drittes Manual vor, das als Untermanual mit zeitgemäßen »sanften und zarten Registern« eingefügt werden sollte. Erst 1896 sollte es zum Umbau der Orgel durch Barnim Grüneberg aus Stettin kommen, der neben dem dritten Manual noch eine Hohlflöte 8' auf die Stelle von Terz und Trompete 8' (c bis g''') einbaute.

Die Hohlflöte wurde 1964, als die Firma Eule aus Bautzen eine umfangreiche Reinigung und Reparatur sowie einen partiellen Umbau der Orgel ausführte, wieder entfernt. Ende des 20. Jahrhunderts war das Instrument in keinem guten Zustand. »Hier ist die Notwendigkeit gegeben, ein bedeutendes Orgelwerk der frühen Romantik vor dem Verfall zu bewahren, mustergültig zu restaurieren und damit der Nachwelt zu erhalten«, schrieb Professor Wolfgang Baumgratz, der Präsident der Internationalen Gesellschaft der Orgelfreunde, im Herbst 2000 an die ZEIT-Stiftung, um sie für dieses Vorhaben zu begeistern. Die Restaurierung wurde von dem Dresdner Orgelbaumeister Kristian Wegscheider in vorbildlicher Weise ausgeführt.

INFO Gottesdienste sonntags und an Feiertagen 10.00 Uhr, geöffnet Mo.–Fr. 10.00–18.00 Uhr, Tel.: 03 82 31/27 87, Infos zu kirchenmusikalischen Veranstaltungen unter Tel.: 03 82 31/27 83

DIE ORGEL 1821 Johann Simon und Carl August Buchholz, Berlin – 1896 Erweiterung, Barnim Grüneberg, Stettin – 1964 Instandsetzung, Hermann Eule, Bautzen – 2001–2003 Restaurierung, Kristian Wegscheider, Dresden – III/P 50 – Mechanische Schleif- und Kegelladen, Barkerhebel

Das Tor zur Halbinsel Fischland

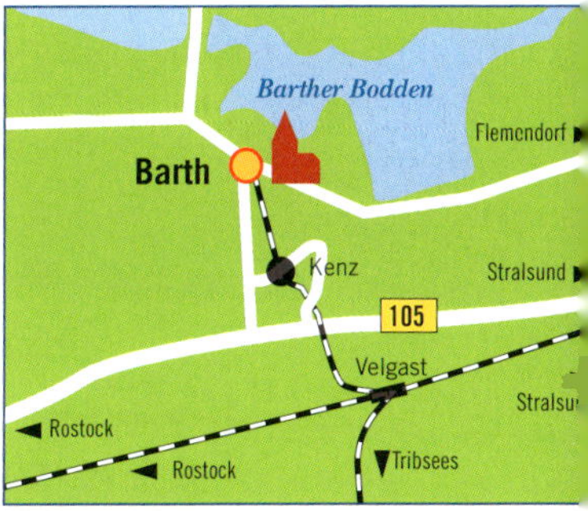

Die am Barther Bodden gelegene Stadt wurde im 13. Jahrhundert planmäßig angelegt. Sie geht auf eine slawische, später von den Fürsten von Rügen ausgebaute Burganlage zurück. 1232 erstmals urkundlich erwähnt, erhielt Barth bereits 1255 das Stadtrecht. Große Bedeutung erlangte die 1582 eingerichtete Druckerei. In der Kirchenbibliothek von St. Marien werden noch etwa 4.000 Inkunabeln und Druckschriften aufbewahrt. In einer Dauerausstellung ist u.a. eines der letzten erhaltenen Exemplare einer in Barth gedruckten niederdeutschen Bibel zu sehen, deren Vorlage Luther noch selbst korrigiert hatte. In der zweiten Hälfte des 16. Jahrhunderts wurde Barth zur Nebenresidenz der Pommernherzöge. Das damals erbaute Renaissanceschloss musste dem Barockkomplex eines 1733 gegründeten Adeligen Damenstifts weichen. An der Badstübnerstraße erinnert ein dreigeschossiger Speicher aus dem frühen 19. Jahrhundert an die Bedeutung, die Barth als Handelsstadt besaß: Bis ins späte 19. Jahrhundert befuhren Barther Segelschiffe die Weltmeere. Von Wohlstand zeugen auch die ein- oder zweigeschossigen Wohnhäuser, die z.T. noch ihre klassizistischen Haustüren besitzen. Von der alten Stadtbefestigung blieb das Dammtor mit seiner spitzbogigen Durchfahrt erhalten. Heute ist Barth ein lohnendes Ausflugsziel für jene, die auf dem Darß ihren Urlaub verbringen. Außerdem gibt es in den Dörfern am Barther Bodden schöne und recht einsame Badestrände.

AUSKUNFT Barth-Information, Tel. u. Fax: 03 82 31/24 64; www.stadt-barth.de

Blankenhagen
Dorfkirche

Es war schon eine Sensation, die die norddeutsche Orgelszene damals noch grenzübergreifend in Aufregung versetzte, als Reinhard Jaehn vier Jahre vor dem Fall der Mauer in seinem Aufsatz »Unbekannte Barockorgeln in Mecklenburg« darauf hinwies, dass in der Dorfkirche von Blankenhagen bei Rostock eine Orgel steht, die in wesentlichen Teilen auf den großen norddeutschen Orgelbaumeister Arp Schnitger (1648–1719) zurückgeht. Wenn Bücher ihre Schicksale haben, wie Terentianus feststellte,

so lässt sich diese Aussage auch auf Orgeln übertragen: In den Jahren 1686/87 hatte Schnitger für die Reformierte Kirche in der Kleinen Freiheit im damals konfessionell schon toleranten Altona eine Orgel gebaut, die später als verschollen galt. Aus Schnitgers eigenen Aufzeichnungen geht nur hervor, dass es sich um ein Instrument mit zwei Manualwerken und angehängtem Pedal gehandelt hat. 1730 wurde die Schnitger-Orgel von dem Orgelbauer Johann Dietrich Busch aus Itzehoe in die neue Reformierte Kirche an der Palmaille umgesetzt. Nach weiteren reichlich 100 Jahren entschloss sich die Gemeinde 1830 zu einem Neubau, mit dem sie den damals in Hamburg ansässigen Orgelbaumeister Heinrich Rasche (1794–1874) beauftragte. Vier Jahre später siedelte Rasche mit seiner Werkstatt nach Rostock über. In diesem Zusammenhang schreibt Jaehn in dem erwähnten Aufsatz: »Offenbar hatte er die Schnitger-Orgel in Zahlung genommen und bemühte sich nun von Rostock aus um einen Käufer. Die Blankenhagener Gemeinde hatte bis dahin keine Orgel besessen. Im Kircheninventar von 1811 heißt es: ›Die Orgel mangelt bisher, soll aber gebauet werden.‹ 1833 kam der Ankauf in Blankenhagen für 625 Rtlr. zustande, und die Orgel wurde durch Rasche aufgestellt.« Sie ist die einzige Schnitger-Orgel, die in Mecklenburg in wichtigen Teilen erhalten blieb.

Bei der Aufstellung in Blankenhagen und bei späteren Reparaturen nahm Rasche eine ganze Reihe von Veränderungen am Hauptwerk vor, die auf einen Umbau hinauslief. Weitere Veränderungen wurden 1899 durch Carl Börger aus Gehlsdorf vorgenommen.

Die Orgel steht auf der Westempore, ihr maßvoller und formschöner Barockprospekt reicht von der Emporenunterkante bis zur flachen Kirchendecke hinauf. Im Jahr 2000 ließ sich die Orgel kaum spielen; auf Grund eines funktionsunfähigen Drosselventils hinter dem Motor bekam sie keinen Wind, und viele Pfeifen blieben einfach stumm. »Eine Pedaltaste

Ein Stück Altona in Mecklenburg: Ursprünglich befand sich diese Arp-Schnitger-Orgel in der Reformierten Kirche an der Kleinen Freiheit.

ist zerbrochen – nicht durch Gewalttätigkeit, sondern durch den Holzwurm, der seit vielen Jahren ungestört frisst, und wenn er weitermachen kann, braucht in zehn Jahren nur noch das Metall entsorgt zu werden«, schrieb der Orgelsachberater Wolfgang Leppin sarkastisch in seinem Gutachten. Allein schon, um das großenteils Arp Schnitger zugeschriebene Pfeifenmaterial (vier oder fünf von zwölf Registern), das erstaunlich gut erhalten war, zu retten, musste schnell gehandelt werden. Bei der Restaurierung waren jedoch auch die von

Heinrich Rasche vorgenommenen Veränderungen zu berücksichtigen. Immerhin hatte er den Schnitger-Bestand in seine eigene Konzeption eingeordnet. Dabei ergaben sich zwei grundsätzliche Alternativen mit sehr unterschiedlichen denkmalpflegerischen Zielstellungen: Sollte man die Altonaer Schnitger-Orgel von 1686/87 rekonstruieren oder den durch die Reparatur und die Veränderungen durch Rasche geschaffenen Zustand wiederherstellen?

Nach intensiven Diskussionen entschieden sich die Sachverständigen im Einvernehmen mit der Kirchengemeinde für die zweite Lösung. Der Auftrag ging an die Firma Alexander Schuke, Potsdam. Die Arbeiten werden im Sommer 2003 abgeschlossen sein. Damit wurde ein Instrument gerettet, dessen orgelhistorische Bedeutung weit über Mecklenburg hinausreicht.

INFO Gottesdienst vierzehntäglich sonntags 10.30 Uhr, Infos zu kirchenmusikalischen Veranstaltungen unter Tel.: 03 82 01/837 (Pfarramt) www.stellwagen.de

DIE ORGEL

1686/87 für die Reformierte Kirche zu Altona, Arp Schnitger, Hamburg – 1833 Umsetzung nach Blankenhagen, Heinrich Rasche, Hamburg – 1851 Umbau und Umdisponierung, Heinrich Rasche, Doberan – 1899 Verlegung der Balganlage, Carl Börger, Rostock-Gehlsdorf – 2003 Restaurierung des gewachsenen Zustandes, Alexander Schuke, Potsdam – II/angeh. P 12 – Mechanische Schleifladen

Blankenhagen

Blankenhagen liegt zwischen Rostock und Ribnitz-Damgarten südlich der Rostocker Heide. Das bemerkenswerteste Bauwerk des alten Dorfes ist die Feldsteinkirche, die vermutlich noch aus dem 13. Jahrhundert stammt. An den Fenstern und Türen sowie an den Giebeln sind Backsteinelemente zu finden. Das Schiff ist flach gedeckt, der rechteckige, in zwei Jochen mit Kreuzrippen gewölbte Chor ist eingezogen und durch einen Triumphbogen vom Schiff getrennt.

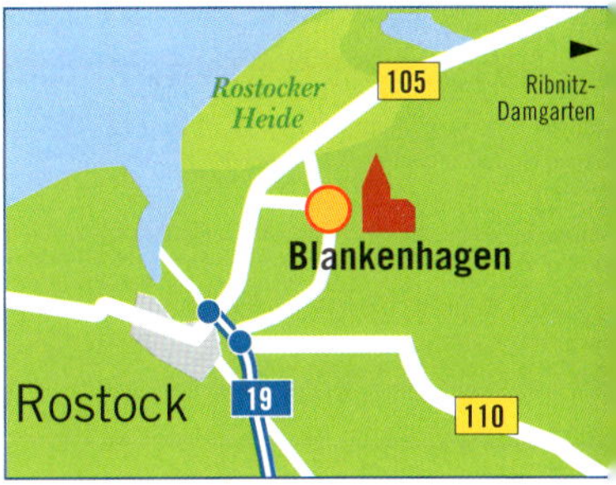

In der Nachbarschaft von Blankenhagen liegt in Gelbensande das einstige Jagdschloss der mecklenburgischen Großherzöge. Das von Gotthilf Ludwig Möckel 1886/87 im englischen Cottage-Stil erbaute Schloss dient heute Ausstellungen und Veranstaltungen.

AUSKUNFT Amt Rostocker Heide, Tel.: 03 82 01/500-0

Cammin
St. Laurentius

Ebenso wie in den nicht weit voneinander entfernten Dörfern Sanitz, Thelkow und Petschow befindet sich in dem südöstlich von Rostock gelegenen Cammin eine für diese Gegend charakteristische Feldsteinkirche, deren Geschichte bis ins 13. Jahrhundert zurückreicht. Der Ostgiebel, die Fenster- und

Portaleinfassungen der Camminer Kirche bestehen aus Backstein. Dem flach gedeckten Schiff schließt sich ein quadratischer eingezogener Chor an, über dem sich ein achtrippiges Kuppelgewölbe erhebt. Im Mittelschrein des um 1500 gefertigten Schnitzaltars ist ein Kalvarienberg dargestellt, die Flügel zeigen Apostelfiguren. Die reich verzierte Barockkanzel stammt aus dem Jahr 1732 und ist damit zehn Jahre jünger als die Orgel, deren prächtiger Prospekt sich über der Westempore erhebt.

Die Orgel, deren Erbauungsjahr 1722 in einer Inschrift am Gehäuse genannt wird, stammt von dem Orgelbauer Hans Hantelmann – einem Schüler und Mitarbeiter von Arp Schnitger –, der später in Lübeck eine eigene Werkstatt gründete. Das Instrument war ein Geschenk des Grafen von Bassewitz zu Lühburg und Wohrenstorf. Es enthielt 13 Register mit einem Manual und Pedal. Obwohl die Orgel später mehrfach repariert und umgebaut wurde – u. a. durch Paul Schmidt, Carl Börger und Friedrich Winzer –, blieb sie in ihren wesentlichen Teilen erhalten. Da die wertvollen Prospektpfeifen mit Aluminiumbronze gestrichen waren und daher wie minderwertige Zinkpfeifen aussahen, wurden sie glücklicherweise während des Ersten Weltkriegs nicht beschlagnahmt. Im 20. Jahrhundert kam es nur zu geringfügigen Änderungen: Es wurde ein Elektrowinderzeuger und eine neue Manualklaviatur eingebaut, außerdem erhielt das Gehäuse einen neuen Anstrich.

Das Innere dieser Feldsteinkirche hat ein barockes Gepräge. Die reich verzierte Kanzel stammt aus dem Jahr 1732 und ist damit zehn Jahre jünger als die Hantelmann-Orgel.

Allerdings wurde die wertvolle Orgel jahrzehntelang unzureichend gepflegt, was zu einer starken Verschmutzung führte, die auch den Klang erheblich beeinträchtigte. Die Mechanik war schließlich so ausgespielt und schwergängig, dass das Spielen laute Klappergeräusche verursachte. Laut war auch der auf dem Dachboden angebrachte Orgelmotor, der zudem durch seinen Standort im Sommer die Luft in gefährlicher Weise aufzuheizen drohte.

Ohne Zweifel gehört die Hantelmann-Orgel von Cammin zu den wertvollsten Instrumenten in Mecklenburg. Das gilt umso mehr, weil sie – trotz der Umbauten – in ihrer Substanz noch weitgehend original erhalten geblieben ist. Eine kostbare Besonderheit ist das Trompetenregister im Manual, dessen Bassteil zu den ältesten erhaltenen Zungenregistern in ganz Mecklenburg zählt.

Angesichts ihrer herausragenden Bedeutung lag es nahe, dass die ZEIT-Stiftung die Camminer Orgel in ihr Förderprogramm aufnahm. 2002 konnte die Restaurierung beginnen, die Arbeiten übernahm die Firma Kristian Wegscheider. Mit der Wiedereinweihung im Herbst 2003 nimmt Cammin im kirchenmusikalischen Leben des Rostocker Raums einen wichtigen Platz ein. Während in Rostock seit dem Zweiten Weltkrieg außer der Paul-Schmidt-Orgel in St. Marien keine Barockorgel erhalten geblieben ist, können Musikfreunde in Cammin – und auch im benachbarten Petschow – zwei herausragende Instrumente aus dieser Zeit hören.

INFO Gottesdienste sonntags 10.00 Uhr (im Wechsel mit Petschow), Infos zu Orgelführungen und kirchenmusikalischen Veranstaltungen unter Tel.: 03 82 05 /139 32 (Pfarramt) www.stellwagen.de

DIE ORGEL

1722 Hans Hantelmann, Lübeck – 1853 Umdisponierung und Umsetzung von der Nord- auf die Westempore, Friedrich Winzer, Wismar – 1896/98 neue Klaviaturen, Carl Börger, Rostock-Gehlsdorf – 2003 Restaurierung, Kristian Wegscheider, Dresden – I/P 13 – Mechanische Schleifladen

Cammin

Das Dorf liegt südöstlich von Rostock im Tal der Recknitz. Die landschaftlich reizvolle Umgebung lädt zum Wandern ein oder zur Besichtigung der anderen mittelalterlichen Feldsteinkirchen: von Sanitz (mit einer sehenswerten Barockausstattung), Thelkow oder Petschow. Cammin ist ein Ausflugsziel für Rostock-Besucher und Ostseeurlauber, lässt sich aber auch von Güstrow aus gut erreichen.

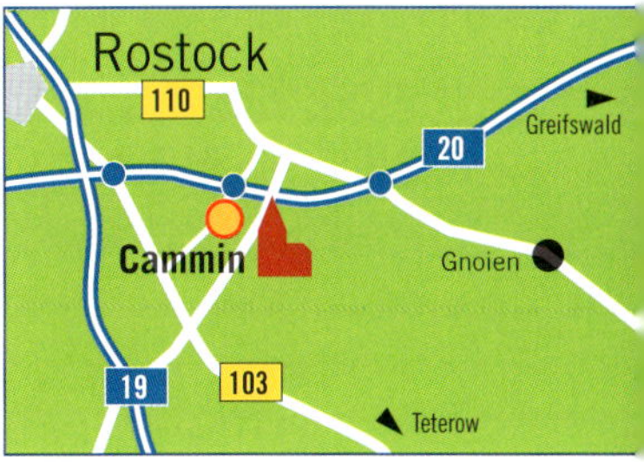

AUSKUNFT Tourismus-Zentrale Rostock u. Warnemünde, Rostock-Gehlsdorf, Tel.: 03 81/194 33

Chemnitz
Dorfkirche

Wer von Neubrandenburg aus auf der Bundesstraße 104 von Neubrandenburg in Richtung Reuterstadt Stavenhagen fährt, erreicht schon bald das Dörfchen Chemnitz. Es ist nicht gerade reich an Sehenswürdigkeiten, besitzt aber eine altehrwürdige Feldsteinkirche, die daran erinnert, dass die Geschichte des Dorfs bis ins Mittelalter zurückreicht. Der schlichte Rechteckbau wurde – wie in einer Urkunde verzeichnet ist – bereits im Jahr 1305 geweiht. Die Kirche, die später manche Veränderungen erfuhr, hat dennoch bis heute ihr mittelalterliches Gepräge bewahrt.

Die Orgel wurde 1845 von Carl Noebe, Organist und Orgelbaumeister in Güstrow, gebaut. Dass das Instrument eine erhaltenswerte Substanz besitzt, stand in den späten 90er-Jahren des 20. Jahrhunderts außer Frage. Ebenso wie die Tatsache, dass sie dringend restaurierungsbedürftig war. Allerdings wäre die Gemeinde mit einer kompletten Restaurierung finanziell überfordert gewesen. Es sah daher so aus, als müsste man sich auf jene Arbeiten beschränken, die für die Erhaltung und Spielbarmachung des Instruments unerlässlich waren. Dabei ging es vor allem um die Reinigung, die Reparatur der Tonmechanik, die

Die Orgel in der Chemnitzer Dorfkirche wurde 1845 von dem Güstrower Organisten und Orgelbaumeister Carl Noebe gebaut. Sie gehört zu den besonders wertvollen Instrumenten aus der ersten Hälfte des 19. Jahrhunderts.

Durchsicht und Reparatur des Pfeifenwerks, den Einbau eines neuen Motors und die Wiederherstellung der Manualklaviatur.

Schon seit 1997 bemühten sich die Kirchengemeinde und ein eigener Förderverein um die Restaurierung der Orgel. Während jedoch die Fördermittelanträge abschlägig beschieden wurden, verschlechterte sich der Zustand des Instruments. Unterstützung bekamen die Chemnitzer u. a. durch den Kirchenmusikdirektor Martin Ohse, Orgelsachberater der Evangelisch-Lutherischen Mecklenburgischen Landeskirche, der in einem Gutachten vom Februar 2001 schrieb: »Wegen des schlechten Zustandes und wegen der Bedeutung dieser Orgel ist eine vollständige Restaurierung dringend zu empfehlen. Nur so kann sie dauerhaft der Nachwelt erhalten werden.«

Mit der Aufnahme in das ZEIT-Förderprogramm kam Bewegung in die Sache: Im Mai 2002 konnte mit der Restaurierung begonnen werden, abgeschlossen war sie im Juni 2002. Dank der Arbeiten, die von der Firma Rainer Wolter aus Zudar auf Rügen ausgeführt wurden, konnte ein wertvolles Instrument aus dem 19. Jahrhundert gerettet werden.

INFO Gottesdienst vierzehntäglich jeden 2. und 4. Sonntag im Monat 10.30 Uhr, Infos über kirchenmusikalische Veranstaltungen unter Tel.: 03 96 04/202 80 (Pfarramt)
DIE ORGEL 1845 Carl Noebe, Güstrow – 2002 Restaurierung, Orgelbau Rainer Wolter, Zudar/Rügen – I/P 6 – Mechanische Schleifladen

Zwischen Neubrandenburg und Stavenhagen

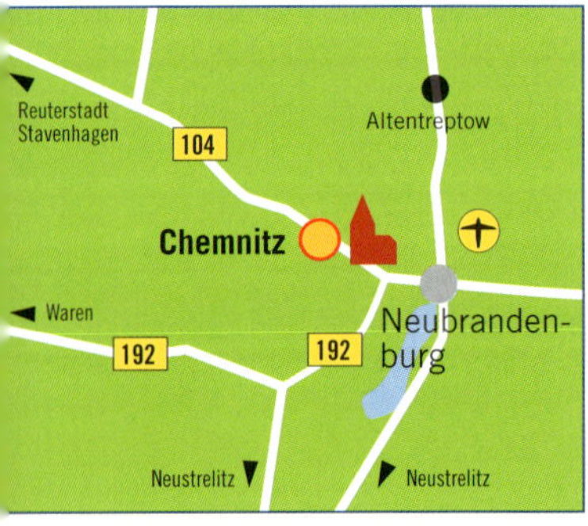

Chemnitz ist von Neubrandenburg aus leicht zu erreichen und bietet sich daher als Ausflugsziel für Neubrandenburg-Besucher an. Eine Besichtigung der Kirche und ihrer Orgel lässt sich aber auch gut mit einem Besuch der Reuterstadt Stavenhagen verbinden. Zu den Sehenswürdigkeiten dieser am südöstlichen Rand der Mecklenburgischen Schweiz gelegenen Stadt gehört das Fritz-Reuter-Literaturmuseum. Es ist im 1788 erbauten Rathaus, dem Geburtshaus des niederdeutschen Dichters, untergebracht.

AUSKUNFT Neubrandenburg Stadt-Info, Tel.: 03 95/194 33; Reuterstadt Stavenhagen Tourist-Info, Tel.: 03 99 54/283 19 oder 03 99 54/283 50

Demmin
St. Bartholomaei

Die Stadtkirche St. Bartholomaei wurde an Stelle eines romanischen Vorgängerbaus im 14. Jahrhundert als dreischiffige Halle mit einer mächtigen Westturmfront errichtet. 1857 war die von Friedrich August Stüler geleitete neugotische Restaurierung vollendet, die das Kircheninnere in ein bedeutendes Raumkunstwerk des Historismus verwandelte.

Knapp vier Jahrzehnte zuvor, im Jahr 1818, hatte Johann Simon Buchholz eine zweimanualige Orgel mit 40 Registern erbaut. 1866 kam es zu einer tief greifenden Veränderung und Vergrößerung, die der Orgelbauer Barnim Grüneberg aus Stettin durchführte. Grüneberg erhöhte die Registerzahl auf 52, während die Zahl der Pedalregister mit zwölf Stimmen identisch blieb. Wahrscheinlich wurden die Pedalladen aus der Buchholz-Orgel übernommen. Eine Besonderheit ist das vom IV. Manual aus spielbare Schiedmayer-Harmonium. Wie bei vielen anderen

Durch die 1857 vollendete neugotische Umgestaltung wurde das Innere der Stadtkirche St. Bartholomaei in ein bedeutendes Raumkunstwerk des Historismus verwandelt.

Instrumenten fielen auch hier die Prospektpfeifen dem Ersten Weltkrieg zum Opfer, später konnten sie nur durch Pfeifen aus Zink ersetzt werden. 1935 nahm die Firma Sauer aus Frankfurt an der Oder einen Umbau mit Umdisponierung vor. Schon ganz im Sinne der Orgelbewegung wurde damals der romantische Klang durch den Einbau von Neobarockregistern verändert. Das war der letzte bedeutende Eingriff, später kam es nur zu Reparatur- und Pflegearbeiten in geringerem Umfang.

Der Organist und Orgelexperte Martin Rost zählt die Grüneberg-Orgel »zu den wertvollsten Denkmalen des romantischen Orgelbaus in Deutschland«. Neben der Ladegast-Orgel im Schweriner Dom ist sie die einzige viermanualige mechanische Orgel in Mecklenburg-Vorpommern. Auf Grund ihres besonderen Werts wurde ihre Restaurierung, die den Zustand von 1866 zum Ziel hatte, Ende der 90er-Jahre des 20. Jahrhunderts zu einer Schwerpunktaufgabe der Orgeldenkmalpflege in Norddeutschland. Mit zahlreichen Geldern von privaten Spendern und Stiftungen – wie der Alfried Krupp von Bohlen und Halbach-Stiftung (Essen), der Cronstett-Hynsperg-Stiftung (Frankfurt/Main), der Robert Bosch Stiftung (Stuttgart) und der Stiftung Hospital St. Spiritus (Demmin) – konnte eine Teilrestaurierung durch die Orgelbaufirma Christian Scheffler durchgeführt werden. Ostern 2000 war die Orgel wieder spielbar. Nachdem die ZEIT-Stiftung im September 2001 einen weiteren Förderbetrag bewilligt hatte, konnte auch der letzte Bauabschnitt realisiert werden. Er umfasste die noch fehlenden Zungenregister und den Nachbau des Prospektes mit Zinnpfeifen. Die Orgelweihe fand im September 2002 statt.

INFO Gottesdienst sonntags 10.00 Uhr, Infos zu kirchenmusikalischen Veranstaltungen unter Tel.: 039 98/43 34 83 (Kirchenbüro)

DIE ORGEL 1866 Barnim Grüneberg, Stettin, unter Verwendung von Teilen des Vorgängerinstruments von J. S. Buchholz, Berlin von 1818 – 1935 Umdisponierung, Wilhelm Sauer, Frankfurt/Oder – 2000–2003 Restaurierung, Christian Scheffler, Sieversdorf – IV/P 52 – Mechanische Schleifladen – Barkerhebel

Hansestadt an der Peene

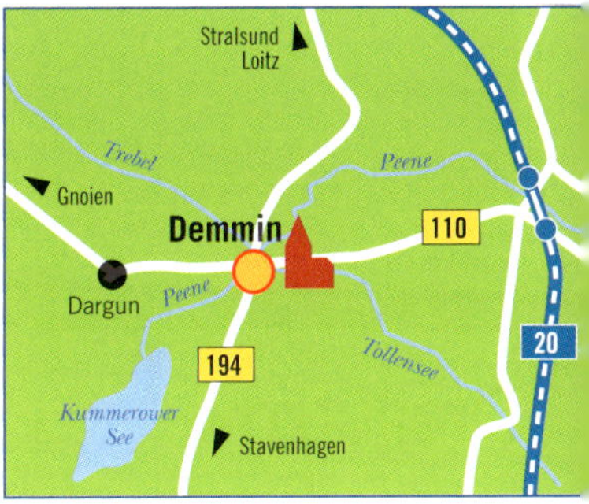

Hoch überragt der Turm der spätgotischen Bartholomäuskirche die Dächer von Demmin und erinnert so noch heute an die einstige Bedeutung des Städtchens. Kaum zu glauben, dass es einst eine bedeutende Handelsstadt gewesen ist. Demmin lag an der Kreuzung zweier Handelsstraßen. Von 1283 bis 1607 war der 1236 von deutschen Siedlern planmäßig angelegte Ort Mitglied der Hanse und gehörte zu den wohlhabendsten Städten in Pommern. Mit dem alten Glanz war es spätestens 1676 vorbei, als brandenburgische Truppen Demmin belagerten und beschossen. Etwa 80 Prozent der historischen Altstadt – u. a. zahlreiche stadtbildprägende Fachwerktraufenhäuser – sanken schließlich in den letzten Tagen des Zweiten Weltkriegs in Schutt und Asche. Reste der im 13. Jahrhundert aus Feldsteinen errichteten Ringmauer blieben jedoch bis heute erhalten. Sehenswert ist das auf der alten landesherrlichen Burginsel 1845/50 im Stil französischer Barockschlösser errichtete »Haus Demmin«, außerdem ein Ensemble von Speichern am Peenehafen, darunter ein schlankes, hohes Fachwerkgebäude mit Mansarddach und Kranvorrichtung aus der Zeit um 1800.

AUSKUNFT Stadtinformation Demmin, Tel. u. Fax: 039 98/22 50 77; www.demmin.de

Dreilützow
Dorfkirche

Im 15. Jahrhundert wurde die malerische Dorfkirche von Dreilützow aus Feldsteinen erbaut. Der Kanzelaltar, dessen Korb später gesondert aufgestellt wurde, stammt aus dem Jahr 1732. Das bemerkenswerteste Kunstwerk der kleinen Kirche ist die Orgel, deren mit reichen Schnitzereien verzierter Prospekt sofort ins Auge fällt. Es ist eine Orgel mit ganz besonderem Schicksal, erinnert sie doch an eine bedeutende Kirche, die schon lange nicht mehr existiert: 1708 wurde dieses Instrument für die Lambertikirche in Lüneburg als Chororgel geschaffen. Vermutlich stand sie auf dem Lettner. Als Urheber vermuten Orgelexperten Matthias Dropa, einen Schüler von Arp Schnitger, der am Bau vieler bedeutender Orgeln in Norddeutschland beteiligt war. Als die Orgel geweiht wurde, gab es bereits Bauschäden an der mittelalterlichen Kirche. Ein Bergfall in der nahe gelegenen Saline machte den Untergrund so mürbe, dass die kunstgeschichtlich außerordentlich bedeutende Lüneburger Kirche Mitte des 19. Jahrhunderts abgerissen werden musste. Offenbar war das seit längerer Zeit vorauszusehen gewesen, denn bereits 1801 hatte man die Orgel ausgebaut und an die Kirche in Cammin verkauft. Dort erweiterte der Orgelbaumeister Friedrich Friese (I) das Instrument um ein angehängtes Pedal. Als auch die dortige Kirche abgerissen und durch einen

Die Kirche von Dreilützow wurde im frühen 15. Jahrhundert aus Feldsteinen errichtet, der verbretterte Turm stammt aus dem 18. Jahrhundert.

Neubau ersetzt wurde, kam die Orgel schließlich im Jahr 1855 nach Dreilützow.

»Die Orgel von Dreilützow ist trotz ihrer bescheidenen Größe ein Juwel, gerade auch wegen ihres wertvollen Schnitzwerkes, das mindestens ebenso wie das Orgelwerk einer sorgfältigen Restaurierung bedarf«, schrieb der Orgelexperte Jan von Busch im Frühjahr 2001 in einem Gutachten. Zwar hatte die Firma Schuke aus Potsdam 1953 eine gründliche Instandsetzung vorgenommen, doch inzwischen waren erhebliche Schäden aufgetreten. Sollte das Instrument mit seiner wertvollen historischen Substanz erhalten werden, musste schnell gehandelt werden. Die Gemeinde hatte sich schon seit einiger Zeit um eine Restaurierung bemüht, die nun durch die Initiative der Hermann Reemtsma Stiftung im Rahmen des Förderprogramms der ZEIT-Stiftung möglich wird. Die Arbeiten an dem wertvollen Instrument sollen im Jahr 2003 beginnen.

INFO Gottesdienste vierzehntäglich sonntags 8.30 Uhr, Infos zu kirchenmusikalischen Veranstaltungen unter Tel.: 03 88 52/525 77 (Pfarramt Wittenburg)
DIE ORGEL 1708 vermutlich Matthias Dropa für St. Lamberti, Lüneburg – 1801 Umsetzung nach Cammin, angehängtes Pedal, Friedrich Friese (I), Schwerin – 1855 Umsetzung nach Dreilützow – 1953 Instandsetzung, Firma Schuke, Potsdam – ab 2003 Restaurierung – I/P 6

Zwischen Wiesen und Wäldern

Zu den interessanten Bauwerken von Dreilützow zählt ein Barockschloss, das um 1730 erbaut wurde. Das Dorf ist von der Autobahn 24, Abfahrt Wittenburg, leicht zu erreichen. Neben Hagenow und der Landeshauptstadt Schwerin lohnt sich auch ein Besuch in dem zwischen Wiesen und Wäldern malerisch gelegenen Städtchen Gadebusch, das als Tor zum Biosphärenreservat Schaalsee bezeichnet wird. Sehenswert sind hier das Renaissance-Rathaus mit Gerichtslaube und die spätromanische Pfarrkirche, mit deren Bau um 1220 begonnen wurde und die damit zu den frühesten Backsteinbauten in Mecklenburg zählt. Das sehenswerte Heimatmuseum ist im Wirtschaftsgebäude des Renaissanceschlosses untergebracht.

AUSKUNFT Stadtverwaltung Gadebusch, Tel.: 038 86/212 10

Dreveskirchen (Blowatz)

Dorfkirche

Bis ins Mittelalter reicht die Geschichte dieser Dorfkirche zurück. Sie wurde im 13. Jahrhundert aus Backstein, dem für den Ostseeraum typischen Baumaterial, errichtet. Dem zweijochigen Schiff schließt sich ein eingezogener Chor an. Nur das Untergeschoss des Westturms ist noch mittelalterlich, seine

Obergeschosse und der abschließende achteckige Helm stammen aus dem späten 19. Jahrhundert. Da es sich bei der Ausstattung zum großen Teil um Arbeiten des 18. Jahrhunderts handelt, hat das Kircheninnere ein barockes Gepräge: Der von den allegorischen Figuren Spes und Fides flankierte Altaraufsatz und die mit Akanthusornamenten und den vier Evangelisten verzierte Kanzel stammen aus der ersten Hälfte des 18. Jahrhunderts. Wenig später dürften die Logen eingebaut worden sein.

Die Orgel, deren barocker Prospekt einen gestalterischen Höhepunkt innerhalb des Raums bildet, entstand im Jahr 1754. Sie ist ein Werk des Rostocker Orgelbaumeisters Paul Schmidt. Knapp 100 Jahre später, 1840, baute die Firma Winzer aus Wismar die barocke Orgel um, wobei allerdings laut Expertenmeinung kein stimmiges Ergebnis erzielt wurde.

»Das Spielen auf dieser Orgel war in jeder Hinsicht eine Qual, im Gegensatz zu ihrer äußeren Erscheinung«, erinnert sich der Orgelsachberater Wolfgang Leppin an ein Konzert, das er 1973 in Dreveskirchen gegeben hat. Angesichts dieser Aussage lässt sich vorstellen, in welchem Zustand sich das Instrument damals befunden hat. Abhilfe war auch in der Folgezeit nicht in Sicht. Alle Versuche der Gemeinde, die Orgel zu reparieren, zu reinigen und mit Wurmbekämpfungsmaßnahmen in ihrer Substanz zu sichern, scheiterten zur DDR-Zeit am Mangel an Kapazitäten. Nach der Wende schienen sich neue Möglichkeiten zu ergeben, aber ein Förderantrag, den die Gemeinde 1998 an die Deutsche Stiftung Denkmalschutz gestellt hatte, wurde abschlägig beschieden. Dabei hatte das Schweriner Landesamt für Denkmalpflege den außerordentlichen Denkmalwert des Instruments bestätigt. In einem Gutachten des Landesamts vom Mai 1998 heißt es: »Paul Schmidt gilt als der bedeutendste Orgelbauer des Barock in Mecklenburg, seine weitgehend unverändert erhaltenen oder auch später zum Teil umgestalteten kleineren Orgeln in den Dorfkirchen des Landes sind unverzichtbarer Teil der mecklenburgischen Kunst- und Kulturlandschaft. Nachdem bereits die Schmidt-Orgeln in den Kirchen zu Petschow (1783) und Hohen Luckow (1772) (beide Landkreis Bad Doberan) in den

Das Untergeschoss des Westturms stammt noch aus der Erbauungszeit der mittelalterlichen Dorfkirche. Die Obergeschosse und der achteckige Helm wurden im späten 19. Jahrhundert hinzugefügt.

Jahren 1993 bzw. 1998 restauriert werden konnten, soll mit der Orgel in Dreveskirchen ein weiteres wichtiges Werk Schmidts gerettet werden, das im Gegensatz zu den Orgeln in Petschow und Hohen Luckow aus der Frühzeit von Schmidts Schaffen stammt.«

Nachdem das Landesamt für Denkmalpflege Gelder bewilligt hatte, waren auch die Voraussetzungen für die Aufnahme in das Programm der ZEIT-Stiftung gegeben. Den Auftrag erhielt der Dresdner Orgelbauer Kristian Wegscheider, der zuvor bereits die Lütkemüller-Orgel im Güstrower Dom und die Paul-Schmidt-Orgel in Petschow restauriert hatte. Zielstellung war nach übereinstimmender Meinung der Experten der Rückbau in den barocken Zustand von 1754. Seit Abschluss der Restaurierung im Jahr 2001 präsentiert sich die Paul-Schmidt-Orgel wieder in einer wunderbaren Einheit von Klangcharakter und äußerer Form. Die klanglichen Erwartungen, die das barocke Kunstwerk des vorzüglich gestalteten Prospekts weckt, werden nun wieder voll und ganz erfüllt. Nach Jahrzehnten der Vernachlässigung bildet das Instrument eine große Bereicherung der mecklenburgischen Orgellandschaft, in der nicht allzu viele Orgeln des 18. Jahrhunderts zu finden sind.

INFO Gottesdienste vierzehntäglich sonntags 9.30 Uhr, Infos zu kirchenmusikalischen Veranstaltungen unter Tel.: 03 84 27/275 (Pfarramt)

DIE ORGEL 1754 Paul (Arndt) Schmidt, Rostock – 1840 grundlegender Umbau, Friedrich Wilhelm Winzer, Wismar – 1999–2001 Restaurierung, Kristian Wegscheider, Dresden – I/P 15 – Mechanische Schleifladen, Cymbelstern

Zwischen Wismar und Poel

Blowatz mit seinem Ortsteil Dreveskirchen liegt nordöstlich von Wismar und östlich der Halbinsel Poel. Sowohl für Wismar-Besucher als auch für Poel-Urlauber ist das nicht weit von der Küste entfernte Dorf schnell zu erreichen. Der Ortsteil Wodorf erhält durch einige niederdeutsche Hallenhäuser, die im 18. Jahrhundert erbaut wurden, sein eigenes Gepräge. Sehens- und besuchenswert ist im benachbarten Stove, einem Ortsteil von Boiensdorf, die malerische Holländer Windmühle aus dem Jahr 1889.

AUSKUNFT Tourist-Info Wismar, Tel.: 038 41/194 33, Gemeindeverwaltung Poel, Tel.: 03 84 25/202 30

Finkenthal
Dorfkirche

In dem schlichten rechteckigen Fachwerkbau der 1805 errichteten Finkenthaler Kirche steht eine kleine Orgel, die 1831 auf der Westempore aufgestellt wurde. Der Erbauer ist kein bekannter Orgelbaumeister, sondern – das geht aus den Kirchenakten hervor – Kantor Johann Friedrich Ludwig Cordes aus dem benachbarten Dorf Altkalen. Schon der Blick auf das maßvolle klassizistische Gehäuse zeigt, dass beim Bau dieser mechanischen Schleifladenorgel mit sechs Registern ohne Pedal keineswegs ein Amateur am Werk gewesen ist. »Die Konstruktion der Orgel ist gut durchdacht. Es wurden kurze, übersichtliche Wege für die Traktur gefunden. Die Ausführung der gespundeten Schleiflade mit angeschwänzten Ventilen, der Ton- und Registertraktur mit Eichenwellen und Armen ist handwerklich hervorragend. Die Anfertigung ist fachmännisch und kann nicht von einem Laien ausgeführt worden sein«, heißt es denn auch anerkennend in einem Gutachten der Firma Wilhelm Sauer, Frankfurt an der Oder.

Ende des 19. Jahrhunderts wurden zwei Register ausgetauscht, wodurch sich der Klangcharakter veränderte, sonst blieb die Orgel im Wesentlichen jedoch von Eingriffen verschont – sieht man einmal vom Verlust der ursprünglichen Prospektpfeifen während des Ersten Weltkriegs ab. Allerdings befand sich das Instrument Ende des 20. Jahrhunderts in einem desolaten Zustand. Es war verschmutzt, die Holzpfeifen waren von Würmern befallen und teilweise schon regelrecht zerfressen. Darüber hinaus war die ebenfalls von Wurmbefall betroffene Windlade schadhaft – um nur die größten Probleme zu nennen. Die Bemühungen der Kirchengemeinde um eine Restaurierung

Klein, aber durchdacht und handwerklich sorgfältig ausgeführt: die 1831 erbaute Orgel in der Finkenthaler Dorfkirche.

der Orgel, die ein Unikat darstellt, wurden von der Landeskirche befürwortet. »Der desolate Gesamtzustand gebietet die Restaurierung dieses kleinen, aber sehr interessanten und vermutlich klangschönen Instrumentes. Da die Grundsubstanz von guter Qualität ist, würde der Gemeinde mit einer Restaurierung für die Zukunft eine zuverlässige und wertvolle Orgel zur Verfügung stehen«, schrieb der Orgelsachberater Martin Ohse im Herbst 2000.

Hinsichtlich der vermuteten Klangschönheit hatte er sich nicht geirrt. Das zeigte sich nach Abschluss der Restaurierungsarbeiten, die auch den Austausch bzw. die Rekonstruktion der Ende des 19. Jahrhunderts veränderten zwei Register umfasste. Die Arbeiten wurden von der Firma Alexander Schuke ausgeführt und mit Mitteln des Landesamtes für Denkmalpflege und der ZEIT-Stiftung, des Oberkirchenrats und der Gemeinde finanziert. Damit besitzt die Kirche in Finkenthal eine zwar kleine, aber ausgesprochen wohltönende Orgel, die zudem einen besonderen Akzent in der mecklenburgischen Orgellandschaft setzt.

INFO Gottesdienste vierzehntäglich sonntags jeweils 14.00 Uhr, Infos zu kirchenmusikalischen Veranstaltungen über Tel.: 03 99 73/702 18 (Pfarramt)
DIE ORGEL 1831 Johann Friedrich Ludwig Cordes, Altkalen – Ende des 19. Jahrhunderts Umdisponierung – 2001 Restaurierung, Alexander Schuke, Potsdam – I/6 – Mechanische Schleiflade

Am Rand der Mecklenburgischen Schweiz

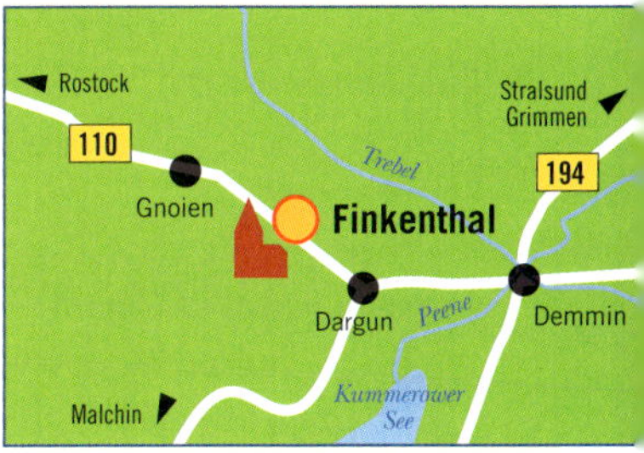

Finkenthal liegt direkt an der Bundesstraße 110 zwischen Dargun am Nordrand der Mecklenburgischen Schweiz und dem weiter nördlich gelegenen Städtchen Gnoien. Dargun geht auf ein 1172 gegründetes Zisterzienserkloster zurück, das im 16. Jahrhundert zum Schloss umgebaut und Ende des Zweiten Weltkriegs zerstört wurde. Sehenswert sind die Stadtkirche, deren Baugeschichte bis ins 13. Jahrhundert zurückreicht, das neugotische Rathaus, einige hübsche klassizistische Bürgerhäuser und die Schlossruine mit Gartenanlage. Ideal für Wanderungen und Naturbeobachtungen ist das große Mischwaldgebiet um den Klostersee.

AUSKUNFT Stadtinformation Dargun, Tel.: 03 99 59/223 81

Flemendorf

Dorfkirche

Bereits 1937 konnten Restauratoren in der Dorfkirche von Flemendorf die Reste einer spätgotischen Ausmalung freilegen, darunter neben ornamentalen Motiven Darstellungen des heiligen Christophorus und einer Kreuztragung. Die Kirche wurde im späten 15. Jahrhundert als Backsteinbau auf einem Sockel aus großen Feldsteinblöcken errichtet. Der Altaraufsatz, ein barockes Werk aus dem frühen 18. Jahrhundert, umfasst im Hauptfeld ein älteres Tafelgemälde aus dem 16. Jahrhundert. Es zeigt die Heilige Sippe, darunter kniende Stifterfiguren. Aus dem 18. Jahrhundert stammt der Taufengel, während in der Turmhalle ein spätgotisches Sakramentshaus aus Eichenholz erhalten geblieben ist.

Die Orgel wurde 1855 von Barnim Grüneberg aus Stettin gebaut. Sie umfasst acht klingende Stimmen auf einem Manual und Pedal und zählt zu den ältesten erhaltenen Kegelladenorgeln der Orgelbaugeschichte. Kaum vorstellbar ist die Tat-

Auf einem Sockel aus Feldsteinblöcken wurde die Kirche im späten 15. Jahrhundert als Backsteinbau errichtet.

sache, dass das Instrument schon seit einem knappen halben Jahrhundert nicht mehr gespielt werden kann. Wahrscheinlich 1945 schwer beschädigt, fehlt nachweislich seit 1948 ein großer Teil des Metallpfeifenwerks. Schon in den 60er-Jahren des 20. Jahrhunderts gab es Bemühungen um eine Restaurierung, die allerdings nie realisiert werden konnte. Trotz fehlender oder beschädigter Pfeifen und einer überaus starken Verschmutzung – das Instrument diente Generationen von Vögeln, Mardern und anderem Getier als Wohnstatt – blieb die Substanz der historischen Orgel erstaunlicherweise recht gut erhalten. Auch deshalb erscheint eine Instandsetzung und Restaurierung als gerechtfertigt und wünschenswert. Die Arbeiten beginnen im Juni 2003 und sollen noch im selben Jahr abgeschlossen sein.

INFO Gottesdienste vierzehntäglich sonntags 9.00 Uhr, Informationen zu kirchenmusikalischen Veranstaltungen unter Tel.: 03 82 31/26 28 (Pfarramt Kenz)
DIE ORGEL 1855 Barnim Grüneberg, Stettin – 1945 Beschädigung – 2003 Restaurierung, Mecklenburger Orgelbau, Plau – I/P 8 – Mechanische Kegelladen

Zwischen Barth und Stralsund

Flemendorf liegt südöstlich von Barth und ist auch von der weiter östlich gelegenen Hansestadt Stralsund schnell zu erreichen. Anfahrt siehe Umschlagkarte.

Gägelow
Dorfkirche

Südöstlich von Sternberg liegt das Dörfchen Gägelow. Die hiesige Dorfkirche entstammt noch dem Mittelalter, wurde aber um die Mitte des 19. Jahrhunderts neugotisch umgebaut. Den Höhepunkt dieser noch ganz dem romantischen Historismus verpflichteten Neugestaltung bildet die Orgel, die auf der großen Westempore platziert wurde.

Gebaut wurde sie 1854 von Friedrich Friese, dem Sohn des Hoforgelbauers und Schweriner Domorganisten F. M. Friese. Wolfgang Leppin, Orgelsachberater in Güstrow, schreibt zum äußeren Erscheinungsbild: »Der Prospekt zeigt eine symmetrische Gliederung und ist folgendermaßen aufgebaut: links und rechts außen je ein Feld mit romanischem Bogen, besetzt mit je sieben klingenden Pfeifen des Registers Principal 8'. Diese flankieren den Mittelteil, der je zwei kleine Felder übereinander enthält, welche mit je acht Pfeifen bestückt sind. Die oberen beiden Felder enthalten stumme Pfeifen, während in den unteren beiden Feldern zur Wahrung der Symmetrie je drei stumme und fünf klingende Pfeifen stehen.«

Bis zur Mitte des 20. Jahrhunderts wurde die Orgel wohl regelmäßig gewartet, seit dieser Zeit allerdings nicht mehr.

Harmonie von Landschaft und Architektur: Die Dorfkirche von Gägelow stammt noch aus dem Mittelalter.

Kein Wunder also, dass das Instrument 1998 stark verschmutzt war. Außerdem hatte sich ein Marder eingenistet und sowohl Teile der Pedaltraktur als auch kleinere Metallpfeifen zerstört. Erstaunlicherweise befanden sich alle Holzteile trotz der erheblichen Verschmutzung und des Wurmbefalls in relativ gutem Zustand.

Sowohl hinsichtlich des Gesamtzustandes als auch mit Blick auf ihre historische Bedeutung erschien eine Restaurierung der Friese-Orgel nicht nur sinnvoll, sondern auch dringend geboten. Die ZEIT-Stiftung und das Landesamt für Denkmalpflege steuerten Gelder bei, so dass die Arbeiten von der Firma Mecklenburger Orgelbau, Plau, durchgeführt werden konnten. Dabei erhielt die Orgel auch endlich einen Winderzeuger sowie neue Prospektpfeifen aus Zinn. Die Orgelweihe fand im Jahr 2002 statt.

INFO Gottesdienste finden nicht regelmäßig statt, Infos hierzu und zu kirchenmusikalischen Veranstaltungen unter Tel.: 03 84 85/204 80 (Pfarramt Dabel)
DIE ORGEL 1854 Friedrich Friese (III), Schwerin, noch unter Firmenleitung von Friese (II) – 2002 Restaurierung, Mecklenburger Orgelbau, Plau – I/P 6 – Mechanische Schleifladen

Zwischen Sternberg und dem Goldberger See

Gägelow liegt südöstlich der früheren Residenzstadt Sternberg (sehenswert: gotische Stadtkirche St. Maria und Nikolaus). Im Nachbardorf Dabel steht am Ortsrand eine alte Holländer Mühle, die besichtigt werden kann. Die Mahlanlage ist noch intakt, daher wird auch von Zeit zu Zeit Getreide gemahlen, allerdings inzwischen meist mit Hilfe eines Elektromotors. Wer auf der Bundesstraße 192 weiter Richtung Südosten fährt, erreicht den Dobbertiner und den Goldberger See, eine wunderschöne Landschaft, die bereits Teil des Naturparks »Nossentiner Schwinzer Heide« ist. Ein besonders reizvolles Wandergebiet ist das Mildenitztal – verborgen in alten Wäldern zwischen Dabel und Dobbertin. Die Einfahrt ist gut ausgeschildert. In Goldberg lohnt der Besuch der im 13. Jahrhundert erbauten Stadtkirche und des in einer ehemaligen Wassermühle untergebrachten Kreisheimatmuseums (Müllerweg 2).

AUSKUNFT Stadtverwaltung Goldberg, Tel.: 03 87 36/820-0, Gemeindebüro Dabel, Tel.: 03 84 85/202 07

Glewitz
Dorfkirche

Noch Anfang der 1990er-Jahre bot die Glewitzer Kirche ein erbarmungswürdiges Bild. Zwar war ihr kunstgeschichtlicher Wert unverkennbar – immerhin handelt es sich um einen mittelalterlichen Backsteinbau aus dem 13. Jahrhundert –, doch war von der ursprünglichen Schönheit nichts mehr zu spüren. Die Kirche wirkte düster und war inzwischen in derart schlechtem Zustand, dass die Gottesdienste im Gemeindesaal stattfinden mussten. Das änderte sich erst, als es der Gemeinde und ihrem engagierten Pfarrer gelang, Mitte der 1990er-Jahre eine Spendenaktion für die Restaurierung zu initiieren. Dafür stellten u. a. die Deutsche Stiftung Denkmalschutz und das Europäische Förderprogramm Leader Mittel zur Verfügung. Das Ergebnis war überwältigend, denn während der Arbeiten machte ein Restaurator eine Entdeckung, die sich als Sensation erwies: Unter zahlreichen Farbschichten stieß er auf einen gotischen Wandfries, der zwischen 1370 und 1380 entstanden sein muss und sich über die Wandflächen des gesamten Kirchenraums zieht. Im Mittelpunkt des Chores steht die Passionsgeschichte Christi, der Heiligenlegenden zugeordnet sind, während an den Pfeilern Apostelfiguren sowie Szenen aus einer Vorform des Totentanzes zu finden sind. Seit ihrer Restaurierung gilt die Glewitzer Kirche zu Recht als eine außerordentliche kunstgeschichtliche Sehenswürdigkeit. Von der zisterziensischen Mutterkirche Tribsees aus war sie im Jahr 1293 gegründet worden. Es entstand ein Chor mit prächtigen Kreuzrippengewölben und Maßwerkfenstern, dem später ein sehr viel schlichteres und auch niedrigeres dreijochiges Kirchenschiff angefügt wurde.

Allein die Orgel befand sich weiterhin in derart desolater Verfassung, dass sie nicht gespielt werden konnte. Sie steht auf der Westempore und wurde 1844 von Orgelbaumeister

Die Glewitzer Kirche konnte mit Mitteln der Deutschen Stiftung Denkmalschutz und des Europäischen Förderprogramms Leader prachtvoll restauriert werden.

Johann Friedrich Schulze aus Paulinzella in Thüringen gebaut. In Vorpommern sind nur drei Schulze-Orgeln erhalten geblieben. In dem Gutachten der Potsdamer Orgelbaufirma Alexander Schuke heißt es: »Das Instrument ist komplett original erhalten, wobei die Substanz durch natürlichen Verschleiß, Verschmutzung und Wurmfraß stark gelitten hat.« Die ZEIT-Stiftung beteiligte sich finanziell an der Restaurierung, deren Ausführung nach einer Ausschreibung an die o. g. Firma vergeben wurde. Außerdem erhielt die Orgel jetzt erstmals ein elektrisches Gebläse.

Die Fertigstellung ist für Ende 2003 geplant. Dann wird das Instrument, das einen besonders hohen Denkmalwert besitzt, wieder seine ursprüngliche Klangschönheit zurückerhalten haben. Die auf Grund ihrer zurückgewonnenen kunstgeschichtlichen Bedeutung viel besuchte Glewitzer Dorfkirche wird dann also auch als kirchenmusikalisches Zentrum große Anziehungskraft ausüben.

INFO Gottesdienste mindestens einmal monatlich sonntags 9.00 Uhr, Infos zu Gottesdiensten und kirchenmusikalischen Veranstaltungen unter Tel.: 03 83 34/454 (Pfarramt)
DIE ORGEL 1844 Johann Friedrich Schulze, Paulinzella/Thüringen – 2003 Restaurierung, Alexander Schuke, Potsdam – I/P 10 – Mechanische Schleifladen

Unweit einer alten Landesgrenze

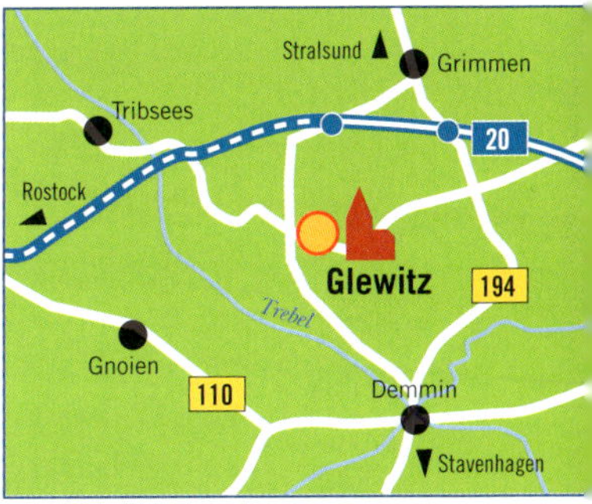

Glewitz liegt am Rand des Rauen Moores in jenem Gebiet, in dem früher die Grenze zwischen Mecklenburg und Vorpommern verlief. Nur wenige Kilometer nordwestlich liegt – jenseits der im Bau befindlichen Ostseeautobahn A 20 – die kleine Ackerbürgerstadt Tribsees. Die planmäßig angelegte Siedlung, die auf die deutsche Ostkolonisation zurückgeht, erhielt schon 1285 Stadtrecht. Blickt man vom Ufer des Flüsschens Trebel auf die Stadt, bietet sich ein hübsches Panorama: Beherrscht wird das Stadtbild von der Stadtkirche St. Thomas, einer gewaltigen Backsteinbasilika, die in der ersten Hälfte des 14. Jahrhunderts entstand, später umgebaut und im 19. Jahrhundert neugotisch renoviert wurde. Wertvollstes Ausstattungsstück ist der spätgotische Flügelaltar. Obwohl die Stadt in ihrer wechselvollen Geschichte immer wieder zerstört wurde, blieben mit dem Grimmener und dem Stralsunder Tor Teile der mittelalterlichen Befestigung erhalten.

AUSKUNFT Stadtinformation Tribsees, Tel.: 03 83 20/479 18

Gnoien
St. Marien

Die Stadtkirche St. Marien ist ein frühgotischer Backsteinbau aus dem 13. Jahrhundert. Sie besteht aus einem zweijochigen eingezogenen Chor in Rechteckform, dem sich ein zweischiffiges Langhaus anschließt, das nach Westen hin mit einem etwas aus der Achse verschobenen quadratischen Turm abschließt, der 1445 vollendet wurde. Das Äußere der Kirche wird durch einen reichen Fries- und Blendenschmuck in reizvollem Wechsel von rotem Backstein und weißen Putzflächen geprägt. Sowohl Chor als auch Schiff haben Kreuzrippengewölbe. Die Wandmalereien im Chorgewölbe mit Darstellungen des Jüngsten Gerichts und Szenen aus dem Leben Jesu stammen aus dem 13. Jahrhundert, wurden aber 1882 restauriert. Der Flügelaltar ist spätgotisch (mit einer Strahlenkranzmadonna), die Renaissancekanzel stammt aus dem Jahr 1596.

Zu den Veränderungen, die die Kirche im 19. Jahrhundert erfuhr, gehört auch die Orgel. Sie wurde 1859 von der Firma Friedrich Hermann Lütkemüller aus Wittstock auf der Westempore erbaut und umfasst 24 Register, zwei Manuale und Pedal. Glücklicherweise wurde sie in ihrer fast 150-jährigen Geschichte nur geringfügig verändert, so dass sie jetzt zu den wenigen original erhaltenen großen Lütkemüller-Orgeln in Mecklenburg gehört. Allerdings hatten dem wertvollen Instrument außer dem normalen Verschleiß auch Schmutz und Schädlingsbefall erheblich zugesetzt. Besonders betroffen

Der neugotische Prospekt der Lütkemüller-Orgel von 1859 fügt sich harmonisch in den Kirchenraum ein.

waren die Windlade, die Trakturen und die Klaviaturen. Das Holzpfeifenwerk war erheblich durch Wurmfraß geschädigt, viele Metallpfeifen völlig verschmutzt und teilweise verbogen. Wie viele andere Instrumente verlor auch die Gnoiener Orgel während des Ersten Weltkriegs ihre originalen Prospektpfeifen.

Bereits 1994 führte die Potsdamer Firma Schuke erste Restaurierungsarbeiten durch, reinigte Teile des Werks und behandelte sie gegen Wurmfraß. Außerdem wurden damals die Tontrakturen repariert. Das waren aber nur Vorarbeiten für eine umfassende Restaurierung, die im Jahr 2003 mit Unterstützung des Landesamts für Denkmalpflege und der ZEIT-Stiftung möglich wurde. Den Zuschlag erhielt wiederum die Firma Schuke, die die Orgel nicht nur für die nächsten Jahrzehnte sicherte, sondern sie auch weitgehend in ihren originalen Zustand zurückversetzte. Mit der für den Herbst 2003 geplanten Orgelweihe wird die große Lütkemüller-Orgel in Gnoien wieder so klingen, wie es ihr repräsentativer neugotischer Prospekt erwarten lässt. Sie eignet sich vorzüglich für die Interpretation romantischer Orgelliteratur.

INFO Gottesdienste sonntags 10.00 Uhr, Infos zu kirchenmusikalischen Veranstaltungen unter Tel.: 03 99 71/124 06 (Pfarramt)

DIE ORGEL 1859 Friedrich Hermann Lütkemüller, Wittstock – 1891 Umdisponierung, Friedrich Hermann Lütkemüller, Wittstock – 2003 Restaurierung, Alexander Schuke, Potsdam – II/P 24 – Mechanische Schleifladen

An der Kreuzung zweier Handelswege

Die an dem Flüsschen Warbel gelegene Stadt wurde um die Mitte des 13. Jahrhunderts in der Nähe einer slawischen Burg gegründet. Den Platz hatten deutsche Siedler wohl auch deshalb gewählt, weil sich hier eine Ost-West- und eine Nord-Süd-Handelsstraße kreuzten. Von der mittelalterlichen Bebauung ließen Kriege und Stadtbrände außer der Marienkirche fast nichts übrig. Das heutige Rathaus ist ein Neorenaissancebau von 1898. Von 1890 stammt die Holländer-Ständer-Windmühle am südwestlichen Stadtrand.

AUSKUNFT Stadtinformation Gnoien, Tel.: 03 99 71/121 29

Gülzowshof
Dorfkirche

Ein seltener Sachverhalt liegt vor, wenn eine Orgel älter ist als die Kirche, in der sie steht. In Gülzowshof ist das der Fall, denn die Kirche wurde Ende des 19. Jahrhunderts im Stil der Neugotik erbaut, die Orgel jedoch aus dem Vorgängerbau übernommen. Sie stammt von dem Orgelbauer Nikolaus Fischer aus Demmin, der ausschließlich in Vorpommern tätig gewesen ist. Wahrscheinlich betrieb er eine Filiale des Orgelbaumeisters Johann Friedrich Schulze aus dem thüringischen Paulinzella, zumindest kopierte er Schulzes Bauweise nahezu vollständig. Der Orgelexperte Martin Rost bezeichnet Fischers Orgeln als einfach und robust konstruiert. »Sie haben einen sehr kräftigen, fast groben Klang. Es sind typische, für die Choralbegleitung konzipierte Landorgeln.«

Die neugotische Kirche von Gülzowshof ist jünger als ihre Orgel, die aus dem Vorgängerbau übernommen wurde.

Man kann sich die Gottesdienste im 19. Jahrhundert so vorstellen: Das Dorf war fast vollständig versammelt, alle sangen die vertrauten Choräle laut und inbrünstig mit. Zur Begleitung einer solchen Bauerngemeinde bedurfte es eines Instruments, das sich nicht nur klanglich behaupten, sondern die Sänger auch führen konnte. »All dies kann man an der fast völlig original erhaltenen Orgel in Gülzowshof gut feststellen«, meint Martin Rost, der in seiner Stellungnahme betont, dass es sehr wichtig sei, »auch solche aus einer kleinen Orgelwerkstatt stammenden Instrumente, die sich im praktischen Gebrauch nach wie vor hervorragend bewähren und Zeugnisse lokalen Instrumentenbaus sind, zu bewahren«.

Ständig in Gebrauch und nur unregelmäßig gewartet, befand sich die Fischer-Orgel im Jahr 2000 in schlechtem Zustand. Teile der Orgel waren verschlissen und durch Wurmbefall beschädigt, außerdem war das Werk stark verschmutzt.

Ende der 1990er-Jahre hatte die Gemeinde mit großem Engagement eine Restaurierung ihrer Kirche durchgeführt. Um auch die Orgel dauerhaft erhalten zu können, unterstützte die ZEIT-Stiftung die notwendige Restaurierung. Den Auftrag erhielt die Firma Martin-Christian Schmidt aus Rostock. Die Orgelweihe fand im Dezember 2001 statt. Seither wird das historische Instrument nicht nur zu Gottesdiensten, sondern hin und wieder auch in Konzerten gespielt.

INFO Gottesdienste vierzehntäglich sonntags 10.30 Uhr, Infos zu kirchenmusikalischen Veranstaltungen unter Tel.: 03 99 98/172 51 (Pfarramt)

DIE ORGEL 1862 Nikolaus Fischer, Demmin – 2001 Restaurierung, Martin-Christian Schmidt, Rostock – I/P 8 – Mechanische Schleifladen

Grimmen

Von dem Dorf Gülzowshof erreicht man auf der B 194 Richtung Norden nach wenigen Kilometern Grimmen, eine sehenswerte, noch mittelalterlich geprägte Stadt, die Mitte des 13. Jahrhunderts gegründet wurde. Das Rathaus aus dem 14. Jahrhundert, ein prächtiger Profanbau der norddeutschen Backsteingotik, wendet sich mit seinem Staffelgiebel, der sich über einer Gerichtslaube erhebt, dem Markt zu.

St. Marien stammt aus der zweiten Hälfte des 13. Jahrhunderts und ist eine frühgotische dreischiffige Hallenkirche mit Kreuzrippengewölbe. Der Korb der barocken Kanzel von 1707 ist mit reichem Schnitzwerk verziert (die vier Evangelisten, Blattwerk und Engelsköpfe). Der Schalldeckel, auf dem Christus mit der Siegesfahne zu sehen ist, wird von einer Engelsfigur gehalten. Ältestes Ausstattungsstück ist die frühgotische Kalksteintaufe. Von der mittelalterlichen Stadtbefestigung blieben das Stralsunder, das Greifswalder und das Mühlentor (aus dem 15. Jahrhundert) erhalten.

AUSKUNFT Stadtinformation Grimmen, Tel.: 03 83 26/46 97 50

Gützkow
St. Nikolai

Die Pfarrkirche St. Nikolai ist ein gotischer Feldsteinbau aus der ersten Hälfte des 13. Jahrhunderts. Im Lauf der Zeit immer wieder verändert, überragt die Kirche mit ihrem neugotischen Turm die geduckten Häuser der kleinen vorpommerschen Stadt Gützkow. Die große Tür des Portals ist angelehnt, Orgelmusik dringt nach außen. Wer hineingeht, erlebt einen Klang von enormer Fülle, späteste Spätromantik, fast schon ein bisschen dekadent. So hat diese Orgel schon lange nicht mehr geklungen.

»Sie gehört zu den musikalisch interessantesten, historisch wertvollsten Orgeln der Spätromantik in ganz Mecklenburg-Vorpommern«, schwärmt Martin Rost, der Orgelsachverständige der Pommerschen Evangelischen Landeskirche. So ist sie denn auch die erste, die im Rahmen des Förderprogramms der ZEIT-Stiftung restauriert wurde. Rost erzählt vom wechselvollen Schicksal dieses Instruments, an dem – mit Buchholz, Sauer und Grüneberg – gleich drei große Orgelbaufirmen des 19. Jahrhunderts beteiligt waren.

Den Klang der ersten Orgel, die die Firma Buchholz 1831 für St. Nikolai gebaut hat, kann man nicht einmal mehr erahnen. Von ihr sind nur einige Register übrig geblieben. 1883 wurde das

Mit ihrem neugotischen Turm überragt die Kirche die Häuser der kleinen vorpommerschen Stadt.

Instrument von der Firma Sauer um fünf Register erweitert. 1915 baute Barnim Grüneberg unter Verwendung der vorhandenen Pfeifen ein neues Instrument mit 23 Registern.

Um die klangliche Wiederherstellung dieser außergewöhnlichen Orgel haben sich die kleine Kirchengemeinde und die frühere Gutsbesitzersfamilie von Lepel mit großer Spendenbereitschaft seit Jahren bemüht: 1998 konnte das stark restaurierungsbedürftige Instrument wieder an seinen ursprünglichen Platz gerückt und gereinigt werden. Es folgten weitere Restaurierungsschritte und zuletzt 2001 – mit Mitteln des Förderprogramms – die Rekonstruktion der vier originalen Register, die in den 1960er-Jahren in neobarocker Weise umdisponiert worden waren und von denen sich noch einige Pfeifen hinter der Orgel erhalten hatten. Ein originales Grüneberg-Register konnte von der Kirchengemeinde Ahrenshagen gekauft werden. Damit war das Klangbild wieder weitgehend original hergestellt.

Die Akustik in St. Nikolai ist hervorragend, bestens geeignet etwa für die Interpretation der bedeutenden Orgelwerke von Max Reger – große Musik in einer kleinen Stadt.

INFO Die Grüneberg-Orgel ist während der Gottesdienste sonntags jeweils 10.00 Uhr und in Konzerten zu hören. Konzertinfo und Anmeldungen für Orgelführungen Tel.: 03 83 53/665 23 (Kantor Hannes Ludwig)

DIE ORGEL 1915 Barnim Grüneberg, Stettin, unter Verwendung des Pfeifenwerks von Buchholz (1831) und Sauer (1883) – 1965 Umdisponierung, Reinhard Schmeisser, Rochlitz – 2000/2001 Restaurierung, Wilhelm Sauer, Frankfurt/Oder – II/P 23 – Pneumatische Kegelladen

Gützkow

Gützkow (etwa 3.000 Einwohner) besitzt seit 1253 das Stadtrecht. Neben der mittelalterlichen Pfarrkirche St. Nikolai gehören das klassizistische Herrenhaus und eine neugotische Grabkapelle zu den interessantesten Bauwerken. Gützkow bietet sich als Ausflugsziel während eines Greifswald-Aufenthalts an.

AUSKUNFT Greifswald-Information, Tel.: 038 34/52 13 80; www.greifswald.de

Hohen Mistorf
Dorfkirche

Die Kirche von Hohen Mistorf ist ein rechteckiger Backsteinbau aus dem 13. Jahrhundert. Der Chor mit Kreuzrippengewölbe ist mit einem Triumphbogen zum flach gedeckten Schiff geöffnet, das aus dem 14. Jahrhundert stammt. Die Kirche wurde in den 90er-Jahren des 20. Jahrhunderts restauriert und befindet sich in einem guten Zustand. Ein sehr viel weniger glückliches Schicksal hatte die Orgel, ein pneumatisches Instrument, das 1915 von der Firma Marcus Runge erbaut wurde. Der dreigliedrige

Der Prospekt der 1915 gebauten Orgel wirkt mit seinen neugotischen Formen im Kontext ihrer Entstehungszeit fast schon anachronistisch.

Prospekt war, zu dieser Zeit fast schon ein wenig anachronistisch, noch in neugotischen Formen gestaltet, der Klangcharakter spätromantisch.

Anfang des Jahres 2000 gab es die Orgel eigentlich gar nicht mehr, der verschmutzte und von Würmern befallene Prospekt auf der Westempore stand leer, und zwar schon seit einem Vierteljahrhundert. Wie es dazu kam, berichtet Gudrun Schmiedeberg, die Pastorin der Gemeinde: Gegen den Willen des Kirchgemeinderates hatten Mitte der 1970er-Jahre zwei kirchliche Mitarbeiter die Orgel auseinander gebaut und teilweise auf dem Kirchenboden eingelagert – ohne den zuständigen Orgelsachberater zu informieren.

Dabei sollte es jedoch nicht bleiben. Die Gemeinde sammelte Geld für eine Instandsetzung und Restaurierung ihrer Orgel. Leider hat der teilweise unsachgemäß vorgenommene Ausbau dazu geführt, dass die Restaurierung aufwendiger und teurer als eigentlich nötig zu werden versprach. Technisch gesehen war es kein Problem, denn bei der Orgel handelt es sich um eine Art Typenbau, der auch andernorts – u. a. in Alt-Jabel und

Suckow – zu finden ist. Durch Unterstützung von Landesdenkmalamt und ZEIT-Stiftung konnte schließlich der Auftrag der Firma W. Sauer, Frankfurt an der Oder erteilt werden. Das Gehäuse wurde mit Holzschutzmittel behandelt, das gesamte Pfeifenwerk und die Windladen gereinigt, überarbeitet und wieder eingebaut und ein neuer Orgelmotor installiert. Für die Gemeinde war es bewegend, nach mehr als 25 Jahren wieder ihre Orgel zu hören, die nun seit der Neueinweihung im Juni 2002 regelmäßig zu Gottesdiensten und auch zu Konzerten erklingt.

INFO Gottesdienste vierzehntäglich sonntags 10.30 Uhr, Infos zu kirchenmusikalischen Veranstaltungen unter Tel.: 03 99 61/727 30 (Pfarramt)

DIE ORGEL 1915 Marcus Runge, Schwerin – 2002 Restaurierung, Wilhelm Sauer, Frankfurt/Oder – I/P 7 – Pneumatische Taschenlade (www.sauerorgelbau.de)

Das Schilda Mecklenburgs

Hohen Mistorf liegt in einer der reizvollsten Gegenden Mecklenburgs. Die wald- und hügelreiche Landschaft, der Teterower See mit der Burgwall-Insel, die kleinen Dörfer mit ihren oft alten Kirchen prägen das Erscheinungsbild der Mecklenburger Schweiz.

Die westlich von Hohen Mistorf gelegene Kreisstadt Teterow ist durch ihre volkstümlichen Anekdoten zum mecklenburgischen Schilda geworden. Der Hechtbrunnen erinnert an eine dieser Geschichten. Eines Tages nämlich hatten zwei Fischer des Ortes einen besonders schönen Hecht gefangen. Da sie ihn bis zum Schützenfest am Leben zu erhalten suchten, entließen sie ihn mit einem Glöckchen um den Hals wieder in die Freiheit. Um darüber hinaus das Wiederfinden zu erleichtern, schnitten sie eine Kerbe in ihren Kahn an der Seite, an der sie den Fisch wieder ins Wasser geworfen hatten.

Teterow besitzt schon seit 1235 das Stadtrecht, und die Vergangenheit hat im Stadtbild ihre Spuren hinterlassen. Die Pfarrkirche St. Peter und Paul, eine dreischiffige Halle mit gedrungenem, quadratischem Westturm, stammt aus der Mitte des 13. Jahrhunderts. Gut erhalten sind der Rostocker und der Malchiner Torturm, beide beeindruckende Beispiele der Backsteingotik. Im Malchiner Tor ist ein kleines Museum untergebracht, das über die Geschichte Teterows informiert.

AUSKUNFT Tourist-Information Teterow, Tel.: 039 96/17 20 28; www.teterow.de

Kenz

Dorfkirche

Im 15. Jahrhundert zog es Pilger in das etwa fünf Kilometer südlich von Barth gelegene Kenz. Kein Wunder also, dass in dem kleinen Dorf eine stattliche Kirche steht, ein fünfjochiger Backsteinbau mit polygonalem Chor. Die Touristen, die heute an Stelle der Pilger nach Kenz kommen, sind in der Regel kunstgeschichtlich interessiert, denn die Kirche hat einen besonderen Schatz. Es sind die Chorfenster, die mit Glasmalereien aus dem ersten Drittel des 15. Jahrhunderts geschmückt sind. Dabei handelt es sich um den größten in sich geschlossenen Bestand an mittelalterlicher Glasmalerei, der in Vorpommern erhalten geblieben ist. Zu sehen sind vor allem Heiligenfiguren und Szenen aus dem Leben Mariens. Für die mittelalterlichen Menschen, die in der Regel Analphabeten waren, dienten diese Glasfenster als gemalte Predigten – Bildszenen, deren biblische Inhalte sie kannten, wurden ihnen im Gottesdienst erläutert. Heutigen Betrachtern offenbaren diese Kunstwerke den gesamten Reichtum und die künstlerische Qualität der gotischen Glasmalerei.

Ein weiteres wichtiges Kunstwerk der Kirche ist das Grabmal für Herzog Barnim VI. von Pommern-Wolgast, der 1405 gestorben ist. Dabei handelt es sich um einen hölzernen Schrein mit satteldachartigem Deckel, der nach beiden Seiten aufklappbar ist. Im Inneren ist die Liegefigur des Verstorbenen zu sehen.

Ungeachtet der Tatsache, dass die Orgel der Kenzer Kirche bedeutend jünger als der größte Teil der übrigen Ausstattung ist, handelt es sich um ein besonderes, historisch außergewöhnliches Instrument. Es ist eine von insgesamt drei Orgeln, die der Thüringer Meister Johann Friedrich Schulze in Vorpommern gebaut hat. Sie ist ohne jede Veränderung erhalten geblieben und allein durch diesen seltenen Tatbestand musikhistorisch außerordentlich wertvoll.

Auch wenn die Orgel sehr viel jünger ist als die mittelalterliche Ausstattung der Kenzer Kirche, handelt es sich um ein besonders wertvolles historisches Instrument.

Obwohl der Dresdner Orgelbauer und -restaurator Kristian Wegscheider bereits Ende der 1990er-Jahre eine Notreparatur vorgenommen hat, wodurch das Instrument immerhin spielbar erhalten werden konnte, war eine grundlegende Instandsetzung dringend geboten. Dabei stand neben weiteren Reparaturen vor allem eine wirkungsvolle Bekämpfung des Holzwurmbefalls im Vordergrund. Welchen Stellenwert die Orgel in musikalischer Hinsicht besitzt, zeigen die Sommerkonzerte, die seit Jahren in einem eigenen Zyklus veranstaltet werden. Nach Aufnahme in das ZEIT-Förderprogramm und mit Unterstützung des Landesdenkmalamts konnte die Firma Wegscheider 2001 mit der Restaurierung beauftragt werden, womit ein bedeutendes, für ganz Norddeutschland besonders wichtiges Instrument für die Nachwelt erhalten wurde. 2002 waren die Arbeiten abgeschlossen.

INFO Gottesdienste vierzehntäglich sonntags 9.00 Uhr, an Feiertagen kann der Gottesdienstbeginn zu einer anderen Zeit sein. Infos zu kirchenmusikalischen Veranstaltungen unter Tel.: 03 82 31/26 28 (Pfarramt)

DIE ORGEL 1847 Johann Friedrich Schulze, Paulinzella/Thüringen – 2002 Instandsetzung, Kristian Wegscheider, Dresden – II/P 15 – Mechanische Schleifladen

Ribnitz-Damgarten – Stadt aus zwei Ländern

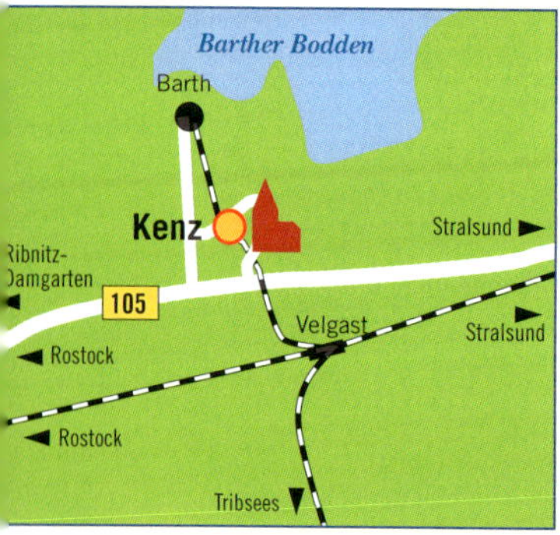

Kenz liegt südlich von Barth auf halbem Weg zwischen Stralsund und Ribnitz-Damgarten. Diese Doppelstadt entstand 1950 durch die Zusammenlegung des zu Mecklenburg gehörenden Ribnitz und des vorpommerschen Damgarten. In den Stadtteil Ribnitz gehört die Stadtkirche St. Marien, eine im Kern spätromanische Hallenkirche, die später mehrfach verändert wurde. Kunstgeschichtlich bedeutend ist auch die Kirche des 1323 gegründeten Klarissinnenklosters, die außer dem üblichen Westturm auch einen Turm im Osten aufweist. Das klassizistische Rathaus aus den 30er-Jahren des 19. Jahrhunderts ist ein Werk des Ludwigsluster Hofbaumeisters Johann Georg Barca. Auch die Stadtkirche von Damgarten ist mittelalterlichen Ursprungs. Das Schiff stammt aus dem 15. Jahrhundert, wurde aber im späten 19. Jahrhundert neugotisch verändert. Sehenswert sind Altar und Kanzel, beides reich geschnitzte Barockkunstwerke.

AUSKUNFT Stadtinformation, Rathaus Ribnitz, Tel.: 038 21/22 01 oder 89 34 86

Lancken-Granitz
Dorfkirche

Bis Ende des 19. Jahrhunderts hatten alle Orgeln eine mechanische Traktur. Das heißt, die Übertragung von der Taste zum Tonventil, welches die Luftzufuhr zur Pfeife freigibt, geschah rein mechanisch. Als technische Innovation entwickelte man später die pneumatische Traktur, bei der das Öffnen der Ventile mittels Wind erfolgt, der durch dünne Bleirohre geleitet wird. Ziel dieser Neuerung war es, dem Organisten das Spiel zu erleichtern. Allerdings erwiesen sich pneumatische Orgeln oft als sehr anfällig und wartungsintensiv.

Backstein und Feldstein sind die Materialien, mit denen die malerische Dorfkirche von Lancken-Granitz auf Rügen im 15. Jahrhundert errichtet wurde.

Die Orgel in der spätmittelalterlichen Kirche von Lancken-Granitz auf Rügen hat für die Orgelbaugeschichte besondere Bedeutung, denn dabei handelt es sich um ein Instrument, das die Stettiner Firma Barnim Grüneberg ursprünglich mit mechanischer Traktur gebaut hatte, das aber später mit der neuen pneumatischen Steuerung ausgestattet wurde. Der Orgelexperte Martin Rost schreibt dazu: »Für die Firmengeschichte des Hauses Grüneberg ist das Werk von besonderem Interesse, weil es ein Beispiel bietet für die pneumatische Umrüstung einer ursprünglich mechanisch gesteuerten, älteren Orgel der Werkstatt, deren Klangmaterial respektiert und in einen technischen Neubau integriert wurde.«

Obwohl sich die Orgel notdürftig spielen ließ, waren die Schäden durch Wurmbefall, Verschmutzung und Verschleiß so groß, dass sich der Totalausfall des baugeschichtlich so interessanten Instruments bereits absehen ließ. Mit der Restaurierung, die schließlich im Jahr 2002 von der Firma Wolter durchgeführt wurde, konnte ein wertvolles Instrument gerettet werden, das seither nicht nur während der Gottesdienste, sondern in den Sommermonaten auch in zahlreichen Konzerten gespielt wird.

Die Lancken-Granitzer Kirche stammt aus dem frühen 15. Jahrhundert und wurde aus Backstein unter Verwendung von Feldsteinen errichtet. Außer der Orgel besitzt das Gotteshaus einen Altaraufsatz von 1818 mit einem Madonnenbild nach Correggio und eine Kanzel aus dem Jahr 1598. Ihr achtseitiger Korb zeigt die Evangelisten und Christus neben einem Pfarrerbildnis, auf der Treppe sind Paulus und Johannes dargestellt.

INFO Gottesdienst ab Ostern vierzehntäglich 14.30 Uhr; ab 22.6. vierzehntäglich 19.30 Uhr; ab 5.10. wieder vierzehntäglich 14.30 Uhr, Infos zu kirchenmusikalischen Veranstaltungen unter Tel.: 03 83 03/877 11 (Pfarramt)

DIE ORGEL 1909 Barnim Grüneberg, Stettin, unter Verwendung eines älteren Pfeifenwerks (Grüneberg um 1860) – 2002 Restaurierung, Rainer Wolter, Zudar/Rügen – I/P 8 – Pneumatische Kegelladen

Putbus – Fürst Maltes Residenz

Wenige Kilometer westlich von Lancken-Granitz liegt Putbus, ein Städtchen, das Fürst Wilhelm Malte I. von 1808 bis 1823 planmäßig anlegen ließ. Den Mittelpunkt der klassizistischen Residenz bildet der Circus, ein kreisrunder Platz, in dessen Mitte ein Obelisk an ihren Gründer erinnert. Das klassizistische Schloss wurde im Krieg beschädigt und zur DDR-Zeit abgerissen. Sehenswert sind die Schlosskirche, die Orangerie und das Theater, das in den letzten Jahren komplett restauriert wurde.

Mit der historischen Schmalspurbahn »Rasender Roland« kann man bis zum Ostseebad Göhren fahren. Auch Binz, das sich durch seine Bäderarchitektur auszeichnet, und das sehenswerte Jagdschloss Granitz sind mit dem »Rasenden Roland« erreichbar. Das Bauwerk wurde ab 1836 von dem Berliner Architekten Johann Gottfried Steinmeyer im Stil der Tudorgotik erbaut und 1844 durch einen von Carl Friedrich Schinkel entworfenen Aussichtsturm ergänzt.

AUSKUNFT Touristikservice Putbus, Tel.: 03 83 01/620 25

Lübtheen
Stadtkirche

In den Jahren 1817–20 wurde in Lübtheen eine klassizistische Kirche gebaut, die durch Anlage und Gestaltung etwas aus dem Rahmen fällt: Es ist ein rechteckiger Saalbau mit einem dreigeschossigen Turm an der nördlichen Schmalseite. Der Kirchenraum hat eine flache Decke, ist in Nord-Süd-Richtung quer gestellt und dennoch liturgisch orientiert. Der Altar, der hier Teil eines Kanzelaltars ist, steht – wie es der Kirchenbautradition entspricht – im Osten, doch das ist in diesem Gebäude die Längsseite. Gegenüber, auf der westlichen Längsseite, befindet sich die große Orgel, die 1820 von der Firma Friedrich Jacob »Friese II« gebaut wurde.

An der Gliederung des Prospekts ist das Vorbild der Barockorgeln des 18. Jahrhunderts leicht zu erkennen. Die Prospektfelder sind – für Mecklenburg eine seltene Ausnahme – noch mit den originalen klingenden Zinnpfeifen ausgestattet. Erstaunlicherweise blieb die Orgel auch von größeren Umbauten und Umdisponierungen weitgehend verschont, so dass sich der originale Klangcharakter wohl nahezu erhalten hat. »Das Instrument ist anscheinend, außer im Bereich der Balganlage, nicht verändert oder umgebaut. Leider sind bei den hinten stehenden Pfeifenreihen Pfeifen zerstört oder zum Teil entwendet. Die Rohrwerke sind in das Pfarrhaus ausgelagert

Auf der westlichen Längsseite dieses außergewöhnlichen Kirchenraums befindet sich die Orgel, die 1820 von der Firma Friedrich Jacob Friese gebaut wurde.

worden. Die Orgel ist zurzeit nicht spielbar. Der Anobienbefall ist für den Bestand der Orgel äußerst bedenklich!«, heißt es in einer Expertise aus dem Jahr 1999, die von der Firma Mecklenburger Orgelbau, Plau, Orgelbaumeister Andreas Arnold, erstellt wurde.

Sollte das Instrument gerettet werden, war daher Eile geboten. Dabei ging es zunächst um die Sicherung der vorhandenen wertvollen Originalsubstanz, um ihre Spielbarmachung sowie eine Restaurierung, mit der das Instrument auf Dauer erhalten werden konnte. Nachdem Fördermittel u. a. von der ZEIT-Stiftung bewilligt worden waren, konnte mit der Restaurierung im Herbst 2001 begonnen werden. Den Auftrag erhielt die Firma Mecklenburger Orgelbau in Plau, die alle Arbeiten bis Dezember 2002 ausführte.

INFO Gottesdienste sonntags 10.00 Uhr, Informationen zu kirchenmusikalischen Veranstaltungen unter Tel.: 03 88 55/511 11 (Pfarramt) www.kirchenmusik-mecklenburg.de
DIE ORGEL 1820 Friedrich Jacob Friese (I), Schwerin – 2001/2002 Restaurierung, Mecklenburger Orgelbau, Plau – II/P 22 – Mechanische Schleifladen

Lindenstadt Lübtheen

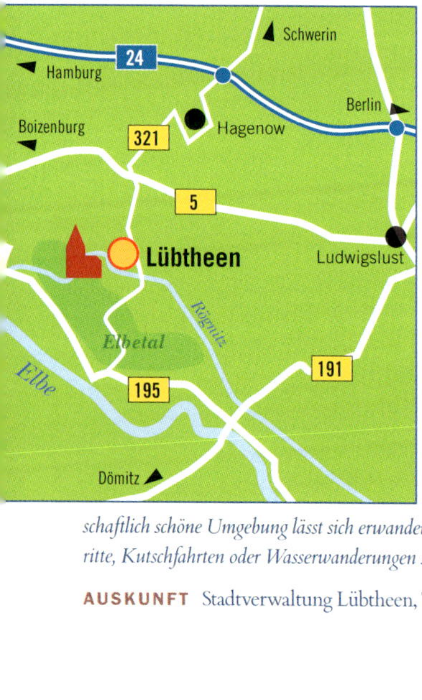

Bereits 1363 wurde das im Nationalpark Mecklenburgisches Elbetal gelegene Lübtheen erstmals urkundlich erwähnt. Zur Entwicklung des Dorfs trug eine in der Nähe gelegene Grube bei, in der von 1830 bis 1916 Gips und Kali abgebaut wurden. Der Name Lübtheen bezieht sich auf das slawische Wort Lipa für Linde. Dieser Baum prägt den Ort, der erst 1938 das Stadtrecht erhielt, bis heute: Die acht Straßen, die sternförmig in den Markt münden, werden zum großen Teil von Linden gesäumt. Auffallend sind schmucke ein- und zweistöckige Fachwerkhäuser sowie einige klassizistische Putzbauten. Das schönste dieser Häuser, die – wie die Kirche – im frühen 19. Jahrhundert entstanden, ist das 1824 als Wohnhaus erbaute Postamt am Kirchenplatz. Die landschaftlich schöne Umgebung lässt sich erwandern oder mit dem Rad kennen lernen. Auch Ausritte, Kutschfahrten oder Wasserwanderungen sind hier möglich.

AUSKUNFT Stadtverwaltung Lübtheen, Tel.: 03 88 55/71 10

Ludwigslust
Stadtkirche

Dass dieses Gebäude eher an ein Theater als an eine Kirche erinnert, liegt an der gewaltigen griechischen, von einem Christusmonogramm bekrönten Säulenhalle, die – um eine Sichtbeziehung zum gegenüberliegenden Schloss zu erreichen – dem eigentlichen Kirchenbau vorgesetzt wurde. Kein Zweifel, die Stadtkirche der einstigen mecklenburgischen Residenz gehört zu den eigenartigsten Sakralbauten in Norddeutschland. Der Baumeister Johann Joachim Busch schuf von 1765–70 nicht nur eine in ihrer äußeren Form recht ungewöhnliche Kirche, auch der Innenraum hat einen eher theatralischen Charakter. Und das liegt keineswegs nur an den auf der Westempore eingebauten prunkvollen Logen für den Herzog und dessen Hofstaat, sondern weit mehr noch an der Gestaltung des Altar-

Der Altar steht auf einer Bühne, zu der eine doppelläufige Freitreppe hinaufführt. Dahinter ist ein Kolossalgemälde mit der »Verkündigung an die Hirten« zu sehen.

raums. Eine doppelläufige Freitreppe führt zu einem Podium, vor dessen Mitte die Taufe steht. Kanzel und Altar sind darüber in derselben Achse angeordnet. Nach hinten abgeschlossen wird das Ensemble von einem »Bühnenbild«. Auf dem riesigen

Panorama haben die beiden Hofmaler Dietrich Findorff und Johann H. Suhrlandt im Lauf von 20 Jahren das illusionistische Kolossalgemälde »Verkündigung an die Hirten« dargestellt. Dazu schreibt der Orgelexperte Reinhard Jaehn: »Das Gemälde ist zweischichtig, die Trennung zur Erzielung der plastischen Wirkung liegt zwischen den Wolken im oberen Drittel. Und hier nun steht, unsichtbar hinter den Kulissen, die Orgel, gerade dort, wo der Maler eine winzige Gruppe von Orgelpfeifen zwischen Wolken und jubilierende Engel gesetzt hat. Wir erkennen die Absicht: die Illusion eines Orgelklangs, der vom Himmel, aus den Sphären musizierender Engel, auf die Gemeinde herabzuschweben scheint – welch originelle Stimulierung von Andacht und Erbauung am pietistischen Hof Herzog Friedrichs!«

Die erste Orgel an dieser Stelle war kein großer Wurf. Sie stammte zwar von dem bedeutenden Meister Paul Schmidt, dürfte aber ein Alterswerk mit einigen Qualitätsmängeln gewesen sein. In einer historischen Quelle heißt es, dass der Herzog Schmidt ausrichten ließ, »er solle kommen, dann wolle er ihm die Fehler selbst zeigen«. Diese Orgel musste zwar mehrfach repariert werden, wurde aber immerhin knapp 100 Jahre gespielt, bis sie »Friese III« 1875/76 aus Schwerin durch ein neues Instrument ersetzte. Dazu noch einmal Reinhard Jaehn: »Friese hatte eine von Grund auf neue Orgelanlage geschaffen, Schmidtsches Material wurde nicht wieder verwendet. Die Orgel von 1876 besticht noch heute durch ihren soliden und von der Verwendung bester Werkstoffe gekennzeichneten Aufbau, mit dem Friese die räumlichen und akustischen Probleme bewältigt hat.« Frieses Orgel hatte 30 klingende Stimmen, zwei Manuale und Pedal.

Im Jahr 1956 wurde die Orgel von der Dresdner Firma Gebrüder Jehmlich klanglich umgebaut, wobei man elf Register durch neue Pfeifen ersetzte. Dennoch blieb das Instrument in seinen wesentlichen Bestandteilen original erhalten. Vergleiche mit anderen erhaltenen Friese-Orgeln ließen es sinnvoll erscheinen, die fehlenden Register zu rekonstruieren. Die Grundsubstanz war verschmutzt und teilweise beschädigt, so dass eine gründliche Reinigung und Reparatur dringend erforderlich war. Die Restaurierung durch die Firma Mitteldeutscher Orgelbau A. Voigt aus Bad Liebenwerda begann im Herbst 2001 und wurde im Juni 2003 abgeschlossen. Damit erhielt das Gesamtkunstwerk der Ludwigsluster Stadtkirche auch seine ursprüngliche klangliche Dimension zurück.

INFO Gottesdienste ab Karfreitag bis Neujahr sonntags 10.00 Uhr, Infos zu kirchenmusikalischen Veranstaltungen unter Tel.: 038 74/219 68 (Pfarramt) oder Tel.: 038 74/284 57 (Küsterin) oder 0 38 74/2 90 49 (Gemeindebüro)

DIE ORGEL 1876 Friedrich Friese (III), Schwerin – 1956 klangliche Umgestaltung, Gebr. Jehmlich, Dresden – 2001/2003 Restaurierung, Mitteldeutscher Orgelbau Voigt, Bad Liebenwerda – II/P 30 – Mechanische Schleifladen, kein sichtbarer Prospekt

Ludwigslust war Ludwigs Lust

»Griese Gegend« wird die Region zwischen den Flüsschen Sude und Elde genannt. Es ist ein karges Land, auf dem nicht viel gedeiht. Da es aber reichlich Wild gab, ließ sich Christian Ludwig II. von Mecklenburg-Schwerin in der Nähe des Dorfes Klenow 1731 bis 1735 ein Jagdschlösschen bauen. 1754 gab er ihm den Namen »Ludwigs Lust«. Sein Sohn Friedrich hatte jedoch größere Pläne, er war viel gereist, hatte Versailles und die anderen glanzvollen europäischen Höfe kennen gelernt. Als er 1756 die Regierung übernahm, sah er in dem verträumten Areal rings um seines Vaters Jagdschloss die Möglichkeit, seine neue Residenz als eine Art »mecklenburgisches Versailles« zu errichten. Gemeinsam mit seinem Hofbaumeister Johann Joachim Busch konzipierte und baute er eine großartige Schloss-, Stadt- und Parkanlage, die im Wesentlichen bis heute erhalten geblieben ist. Das Schloss, vor dessen repräsentativer Schaufassade eine Wasserkaskade entstand, steht in Sichtbeziehung zur Stadtkirche. Hinter dem Schloss erstreckt sich ein großer Park. Die gleichzeitig entstandene Siedlung, die erst 1876 Stadtrecht erhielt, wurde planmäßig angelegt – zunächst mit barocker, später mit klassizistischer Bebauung. Zu den Besonderheiten des Schlosses gehört seine dekorative Ausstattung: Unter dem goldenen Glanz verbirgt sich jedoch weder edles Metall noch Stuck, sondern Pappmaché. Geliefert wurde dieses preiswerte Material von einer 1770 in Ludwigslust gegründeten Manufaktur. Auch in der Kirche wurde dieses Material reichlich für die Innenausstattung verwendet – bis hin zu den Altarleuchtern.

AUSKUNFT Ludwigslust Tourist Information, Tel.: 038 74/52 62 51 oder 52 62 52 www.stadt-ludwigslust.de

Malchin
St. Maria und Johannes

»Trotz des allgemein schlechten Zustands hört man, um welch wunderbare Orgel es sich handelt«, schwärmt der mecklenburgische Orgelsachberater Martin Ohse und kommt zu dem Schluss: »Um die wertvolle Orgel für die Nachwelt zu erhalten und sie in ihrer ursprünglichen Schönheit wiederherzustellen, ist eine umfassende Restaurierung dringend erforderlich.«

Gemeint ist die Friese-Orgel in der Malchiner Stadtkirche St. Maria und Johannes. Es ist eine dreischiffige Backsteinbasilika aus dem späten 14. Jahrhundert mit einer kostbaren Ausstattung, zu der u. a. der ehemalige Hochaltar mit einer geschnitzten

Marienkrönung im Schrein gehört. Der Blick auf den prächtigen barocken Orgelprospekt führt in die Irre, denn er stammt nicht von der heutigen Orgel, sondern von deren Vorgängerin, die Paul Schmidt aus Rostock 1780 erbaut hatte. Knapp 100 Jahre später stellte »Friese III« in das alte Gehäuse eine völlig neue Orgel – mit 28 Registern war es eines seiner größten Werke. Wie viele andere Instrumente verlor auch diese Orgel während des Ersten Weltkriegs ihre Prospektpfeifen, die später durch Zinkpfeifen ersetzt wurden. Ein brauner Anstrich beeinträchtigte außerdem den prächtigen barocken Prospekt. Die meisten Probleme gab es jedoch hinter der barocken Fassade, denn so eindrucksvoll Frieses romantisches Werk auch war, es befand sich in sehr schlechtem Zustand. Es war augenfällig, dass u. a. die gesamte Balganlage, die Trakturen, einzelne Register und die Prospektpfeifen rekonstruiert werden mussten. Außerdem war eine Reinigung dringend erforderlich. Dass es sich lohnen würde, war nicht nur den Sachverständigen, sondern auch der Gemeinde klar. Der Gutachter der Orgelwerkstatt Christian Scheffler schrieb: »Die Disposition der Friese-Orgel ist ein bemerkenswertes Beispiel, wie handwerklich-künstlerische Tradition und klanglicher Zeitgeschmack eine Synthese eingehen können, ohne sich gegenseitig zu verleugnen«, fügte aber später hinzu: »Die ursprüngliche Klangvielfalt von kräftigen warmen und fundamentalen tutti bis hin zu einer Vielzahl von farbigen Einzelregistrierungen und einer ausgewogenen dynamischen Steigerung vom piano bis zum vollen Werk lässt sich zurzeit wegen des schlechten Zustands nur sehr fragmentarisch verwirklichen.«

Nachdem das Landesamt für Denkmalpflege und die ZEIT-Stiftung Mittel bewilligt haben, kann die Restaurierung Ende des Jahres 2003 beginnen. Sie soll 2004 abgeschlossen sein, so dass die Malchiner Friese-Orgel schon bald wieder in ihrer ursprünglichen Klangpracht zu hören sein wird.

DIE ORGEL 1878 Friedrich Friese (III), Schwerin, Prospekt Paul Schmidt (1779/80) – Anfang des 20. Jh. klangliche Veränderung, Carl Börger, Rostock-Gehlsdorf – 2003/2004 Restaurierung, Kristian Wegscheider, Dresden – II/P 28 – Mechanische Schleiflade

Malchin, St. Maria und Johannes – Marienkapelle

Die Lütkemüller-Orgel in der Marienkapelle der Malchiner Stadtkirche war ursprünglich für die Kirche in Borgfeld bei Stavenhagen erbaut worden. Anfang der 70er-Jahre des 20. Jahrhunderts war sie bereits in so schlechtem Zustand, dass ihr Ende voraussehbar schien. Als dann die Borgfelder Kirche wegen Baufälligkeit aufgegeben und abgerissen werden musste – ein für die DDR-Situation nicht untypisches Beispiel –, konnte die längst nicht mehr spielbare Orgel geborgen und an die Malchiner Kirchengemeinde weitervermittelt werden. Für die Gemeinde, die sich seit längerer Zeit um den Bau einer Orgel in ihrer Marienkapelle bemühte, war dies eine günstige Lösung. Ein in Berlin ansässiger Orgelbauer versetzte das Instrument an seinen neuen Standort und machte es wieder spielfähig – allerdings mit den beschränkten technischen und materiellen

Die Lütkemüller-Orgel in der Marienkapelle befand sich ursprünglich in der Kirche von Borgfeld bei Stavenhagen.

Die barocke Farbigkeit des Orgelprospekts entspricht zwar nicht seinem ursprünglichen Zustand, trägt aber heute dazu bei, dass sich das Instrument besonders gut in den Raumzusammenhang der Marienkapelle einfügt.

Mitteln dieser Zeit. Nach einigen Jahren tauchten jedoch Probleme auf, in deren Gefolge es zum Zerwürfnis zwischen der Kirchengemeinde und dem Orgelbauer kam.

In den folgenden Jahren wurde die Orgel sowohl zu den Gottesdiensten als auch während des Sommers zu Konzerten gespielt. Allerdings verschlechterte sich ihr Zustand so weit, dass Ende der 90er-Jahre dringend gehandelt werden musste. Nach eingehender Inspektion gab es die Alternative zwischen einer Generalreparatur, die dann aber nach etwa zehn Jahren weitere Instandhaltungskosten nach sich gezogen hätte – oder einer konsequenten Restaurierung.

Die Gemeinde folgte dem Rat der Experten und entschied sich für die zweite Variante, die auch durch die Unterstützung des Landesamtes für Denkmalpflege, der Landeskirche und der ZEIT-Stiftung ermöglicht wurde. Den Auftrag erhielt die Firma Groß & Soldan. Da es keine Einwände der Denkmalpfleger gab, verzichtete man darauf, die barocke Farbigkeit des Prospektes auf den originalen Anstrich in »Eiche braun« zurückzuführen – hinsichtlich der Raumwirkung gewiss eine richtige Entscheidung. Nach Abschluss der Restaurierung wurde die Lütkemüller-Orgel am ersten Advent 2001 geweiht, seither erklingt sie wieder zu allen Gottesdiensten und in zahlreichen Konzerten.

INFO Gottesdienste sonntags 9.30 Uhr, von Ostern bis zum Herbst in der Kirche, von Herbst bis Ostern in der heizbaren Marienkapelle, Infos zu kirchenmusikalischen Veranstaltungen und zum Fertigstellungstermin unter Tel.: 03 99 57/210 40 oder Tel.: 039 94/29 94 65 (Pastorat)

DIE ORGEL 1864 Friedrich Hermann Lütkemüller, Wittstock, ursprünglich für die Kirche zu Borgfeld bei Stavenhagen – 1975 Umsetzung nach Malchin – 2001 Restaurierung, Orgelbau Groß & Soldan, Waditz – I/P 7 – Mechanische Schleifladen

Das Tor zur Mecklenburgischen Schweiz

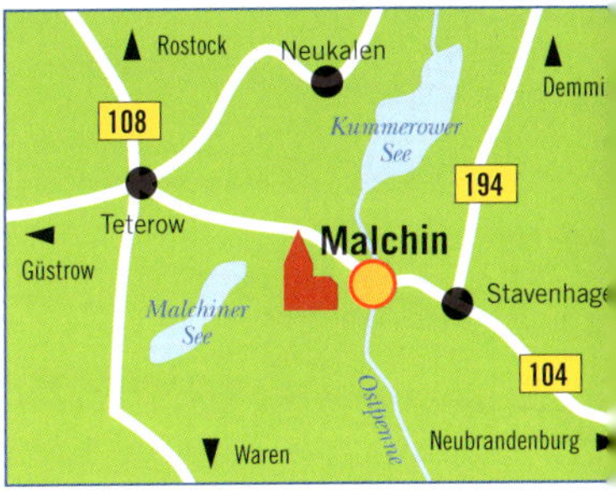

Schon 1236 erhielt die im Peenetal gelegene Siedlung das Stadtrecht. Historische Bedeutung erlangte Malchin vor allem als einer der Tagungsorte (neben Sternberg) des Mecklenburgischen Landtags von 1621 bis 1916. Fast zwei Drittel der Stadt – und damit ein großer Teil der historischen Bausubstanz – gingen im Zweiten Weltkrieg verloren. Erhalten blieben neben der Stadtkirche einige Wohnhäuser aus dem 18. und 19. Jahrhundert, bei denen es sich meist um niedrige Fachwerk- oder Backsteinbauten handelt. Auch Teile der mittelalterlichen Stadtbefestigung haben die Zeiten überdauert, darunter der Fangelturm und das wunderschöne gotische Kalensche Tor. Das stattliche Rathaus mit seiner neobarocken Fassade stammt von 1927. Malchin ist von wunderschöner Landschaft umgeben, liegt auf halber Strecke zwischen dem Malchiner und dem Kummerower See und gilt als Tor zur Mecklenburgischen Schweiz. Daher hat die Stadt einen hohen Freizeitwert und bietet sich als Ausgangspunkt für Wanderungen, Rad- oder Reittouren an oder auch für Bootsfahrten auf der Peene.

AUSKUNFT Stadt-Information Malchin, Tel.: 039 94/64 01 11

Neukalen
St. Johannes

Barocke Orgeln sind in Mecklenburg nicht häufig zu finden. In der Stadtkirche St. Johannes in Neukalen steht ein solches Instrument. Die Kirche selbst ist sehr viel älter, sie stammt aus dem frühen 15. Jahrhundert. Es ist ein einschiffiger spätgotischer Backsteinbau mit vier Jochen und einem polygonalen Chor. Obwohl offenbar ein Gewölbe vorgesehen war, wurde der

Raum dann doch nur flach gedeckt. Prachtvoll sind der große, zweigeschossige und mit Schnitzfiguren versehene Altar von 1610 und die Renaissancekanzel. Der barocke Orgelprospekt fügt sich gut in die reiche bildkünstlerische Ausstattung der erst vor kurzem restaurierten Kirche ein.

»Anno 1740 Orgel Macher David Baumann me fecit und sein Sohn David Orgel Macher« lässt sich auf einer Inschrift im Mittelturm entziffern. Demnach ist David Baumann aus Friedland der Erbauer dieser Orgel, was auch aus dem Kontrakt, der sich heute im landeskirchlichen Archiv in Schwerin befindet, hervorgeht. Das Instrument steht an der Westwand der Kirche, es hat zwei Manuale und verfügte ursprünglich über ein angehängtes Pedal. 1880 nahm die Firma Lütkemüller einen Umbau vor, bei dem dann ein selbstständiges Pedal hinzukam. Ein weiterer Umbau erfolgte 1908. Unmittelbar nach dem Zweiten Weltkrieg sowie in den 1960er- und den 1990er-Jahren wurden Pflege- und Erhaltungsarbeiten durchgeführt. Dennoch ergab eine im Jahr 2000 erfolgte Inspektion, dass eine Restau-

Mit ihrem barocken Prospekt in Mecklenburg eine Rarität: die 1740 von David Baumann aus Friedland erbaute Orgel in der Stadtkirche von Neukalen.

rierung unter Einbeziehung des barocken Gehäuses dringend notwendig war. Der Orgelsachberater Wolfgang Leppin resümierte im Frühjahr 2000: »Nach Befund der Unterlagen und vorliegenden Untersuchungen durch die Firma Schuke ist orgelbautechnisch eine Restaurierung kein Problem. Dabei sollte die alte Disposition wiederhergestellt werden. Der Einbau des selbstständigen Pedals von Lütkemüller gilt hierbei als gewachsener historischer Bestand. Damit hätten wir in Neukalen ein bedeutendes Denkmal barocker Orgelbaukunst, welches dort auch genutzt wird, nicht nur zu Gottesdiensten, sondern auch zu Kirchenmusiken.«

Nach Bewilligung der notwendigen Mittel konnte die Restaurierung 2002/03 durchgeführt werden, so dass das wertvolle barocke Instrument sowohl klanglich wie optisch in ursprünglicher Schönheit wiederhergestellt ist.

INFO Gottesdienste sonntags 10.00 Uhr, Informationen zu kirchenmusikalischen Veranstaltungen unter Tel.: 03 99 56/203 11 (Pfarramt)

DIE ORGEL 1739–42 David Baumann, Friedland – 1841 neue Bälge, Heinrich Rasche, Rostock – 1880 Umbau und Umdisponierung (selbstständiges Pedal), Friedrich Hermann Lütkemüller, Wittstock – 1908 Umbau und Umdisponierung, Carl Börger, Rostock-Gehlsdorf – 1964 Umdisponierung, Wilhelm Sauer, Frankfurt/Oder – 2003 Restaurierung einschließlich Pedal von Lütkemüller, Alexander Schuke, Potsdam – II/P 13 – Mechanische Schleifladen

Stadt am See

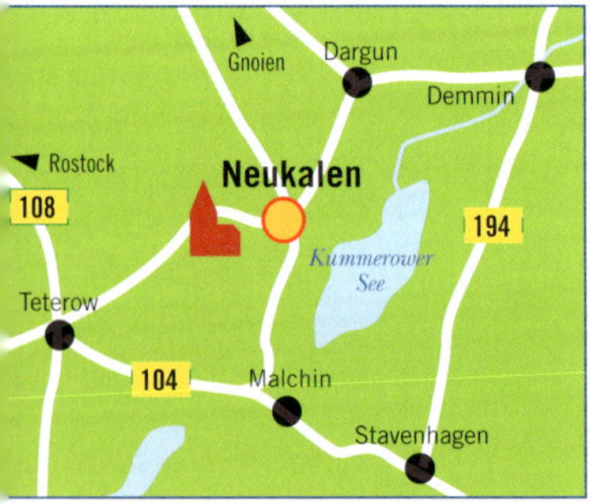

Westlich des Kummerower Sees liegt das 1281 gegründete Städtchen Neukalen. Das Straßennetz erinnert daran, dass Neukalen von Fürst Heinrich Borwin III. von Mecklenburg planmäßig angelegt wurde. Malerisch sind die von ebenerdigen Häusern gesäumten Gassen mit ihrem uralten Kopfsteinpflaster. Das Rathaus stammt von 1799, wurde aber im 19. Jahrhundert stark verändert. Sehenswert ist das Relief eines Engels mit Kreuz an der südlichen Schmalseite, das noch aus dem 18. Jahrhundert stammt. Neukalen, das sich am nördlichen Rand der Mecklenburgischen Schweiz erstreckt, ist eine typische mecklenburgische Kleinstadt, deren stille Atmosphäre an längst vergangene Zeiten erinnert.

AUSKUNFT Amt am Kummerower See, Tel.: 03 99 56/25 10

Neukirchen
Dorfkirche

Man könnte meinen, die Zeit sei stehen geblieben, so still ist es an diesem Frühlingsnachmittag im Dorf. Das alte Tor zum ummauerten Kirchhof ist angelehnt. Auf den Wiesen stehen schmiedeeiserne Grabkreuze aus dem 18. und 19. Jahrhundert – eine Szenerie wie auf einem Gemälde von Caspar David Friedrich. In der Mitte erhebt sich die Kirche. Aus Feldsteinen aufgemauert, wirkt sie wehrhaft und trutzig wie all jene mittelalterlichen Dorfkirchen, denen man noch ansieht, dass die Menschen sie nicht nur zum Gottesdienstbesuch erbaut haben, sondern sich in Notzeiten darin auch Zuflucht versprachen.

Wenn wir die Dorfkirche von Neukirchen durch den Seiteneingang betreten, bietet sich ein ganz anderes Bild. Das Innere ist nicht mittelalterlich ernst, sondern von barocker Beschwingtheit. Altar und Kanzel stammen aus dem frühen 18. Jahrhundert. Prächtig wirkt vor allem der geschwungene Prospekt der Orgel, die zu den wertvollsten in ganz Mecklenburg gehört. 1768/69 wurde sie von dem bedeutenden Orgelbaumeister Paul Schmidt aus Rostock erbaut. Von ihm sind nur noch wenige Werke erhalten. 1849 gab die Firma Winzer aus Wismar dem Instrument dann ein neues Gepräge. Damit entstand ein Gemeinschaftswerk zweier herausragender Werkstätten.

Noch bis vor kurzem war es um diese Orgel schlecht bestellt. »Wir haben es mit Mühe geschafft, die Kirche und ihre wertvolle Ausstattung über den Sozialismus hinwegzuretten«,

Ein glanzvoller Barockprospekt, dem der Klang dieser Paul-Schmidt-Orgel durchaus ebenbürtig ist. Das restaurierte Instrument wurde im Juni 2002 neu geweiht.

sagt Pastor Karl-Christian Lange. Mehr als zwei Jahrzehnte lang hat er für die Erhaltung der Orgel gekämpft. Dennoch befand sie sich noch im Jahr 2000 in sehr schlechtem Zustand.

Dass sie im Juni 2002 neu geweiht und seither wieder zu Gottesdiensten und Konzerten gespielt werden kann, ist vor allem der Spendenbereitschaft der Gemeinde sowie dem finanziellen Engagement der Hermann Reemtsma Stiftung zu danken, die – in Abstimmung mit dem Programm der ZEIT-Stiftung – den Großteil der Kosten übernommen hat. Bei der Restaurierung, die die Orgelbaumeister Gerhard Schmid aus Kaufbeuren und Jörg Stegmüller aus Berlin ausgeführt haben, wurden unter anderem alle Register ausgebaut, die Pfeifen gereinigt und restauriert sowie alle Holzteile mit umweltverträglichen Schutzmitteln behandelt. Die besondere Stimmhöhe, die fast einen halben Ton über der heutigen Norm von 440 Hertz liegt, geht noch auf Paul Schmidt zurück und wurde natürlich nicht verändert.

»Alle Register, ob Solo oder Plenum, haben Charakter, Glanz und Farbe. Und die Synthese von Schmidt und Winzer bildet plötzlich eine geschlossene Einheit«, lobt der Orgelsachverständige Wolfgang Leppin das Ergebnis der Restaurierung.

INFO Gottesdienste jeweils sonntags 10.00 Uhr, Infos zu Konzerten und Anmeldungen zu Führungen über Tel.: 03 84 66/202 09 (Pfarramt)

DIE ORGEL 1768/69 Paul Schmidt, Rostock – 1849 Erweiterung und Dispositionsänderung, Friedrich Wilhelm Winzer, Wismar – 2002 Restaurierung, Gerhard Schmid, Kaufbeuren/Jörg Stegmüller, Berlin – II/P 16 – Mechanische Schleifladen

Neukirchen

Der einschiffige Feldsteinbau gehört zu den ältesten Dorfkirchen in Mecklenburg. Das hübsche Dorf Neukirchen bietet sich als Ausflugsziel für Rostock-Besucher an. Ein Spaziergang ins nahe gelegene Hohen Luckow ist empfehlenswert. In der dortigen Kirche mit ihrem Kanzelaltar von 1712 befindet sich eine restaurierte Paul-Schmidt-Kabinettorgel, eine kleine Schwester des Neukirchener Instruments.

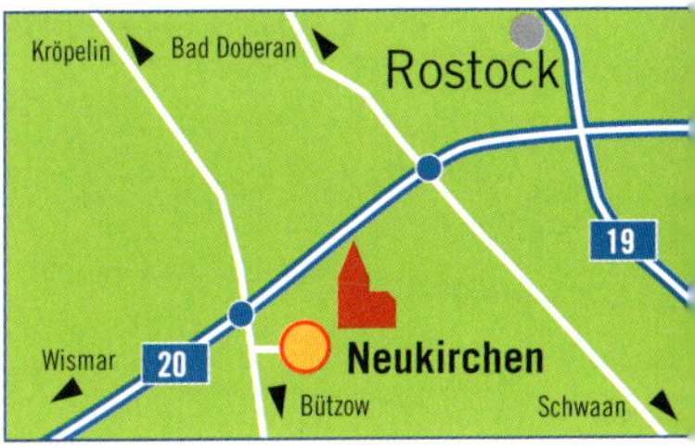

AUSKUNFT Tourist-Information Rostock, Tel.: 03 81/194 33 oder 381 22 22

Neustrelitz
Stadtkirche

Die Stadtkirche ist ein besonders markantes Bauwerk. Sie wurde ursprünglich nach Plänen des Hofmedicus Verpoorten als barocker Saalbau errichtet und 1778 fertig gestellt. An den Markt der früheren mecklenburgischen Residenzstadt grenzt der viergeschossige Turm, der die Gliederung der Fassade aufnimmt und den Saalbau der Kirche hoch überragt. Dieser Turm, der mit seinem geraden quadratischen Abschluss für eine Kirche untypisch wirkt und eher an einen klassizistischen Rathausturm erinnert, wurde von 1828 bis 1831 von dem mecklenburgischen Baumeister Friedrich Wilhelm Buttel errichtet. Die so gefundene architektonische Lösung geht auf eine Anregung von Karl Friedrich Schinkel zurück, sie verleiht der Stadtkirche ihr heutiges unverwechselbares Aussehen. Mit seinen zweigeschossigen umlaufenden Emporen wirkt der Innenraum festlich und ausgesprochen protestantisch. Prachtvoll ist vor allem der Prospekt der Orgel, der sich über der Westempore erhebt.

»Das imposante Instrument muss einstmals von großer Klangschönheit gewesen sein«, schrieb Martin Ohse, Orgelsachberater der Mecklenburgischen Landeskirche, als er die Orgel im Herbst 2000 inspizierte. Damals war sie stark verschmutzt, technisch verschlissen, außerdem traten beim Spielen störende Nebengeräusche auf. »Im Laufe der Zeit ist durch Umdisponierungen, Umstimmen (Umstellen) des Pfeifenwerks und Veränderungen am Winddruck massiv in die Klanglichkeit der Orgel eingegriffen worden. Um die Stimmtonhöhe von 440 Hertz zu erreichen, ist das gesamte Pfeifenwerk gekürzt worden«, vermerkte Ohse, der in seinem Gutachten keinen Zweifel daran ließ, dass er dies für einen geradezu barbarischen Akt hielt.

Um das 1893 von der Firma Grüneberg erbaute Instrument zu restaurieren, wäre die Kirchengemeinde finanziell überfordert gewesen. Andererseits bestand dringender Handlungsbedarf. Immerhin ging es darum, das größte Grüneberg-Werk in ganz Mecklenburg vor dem weiteren Verfall zu bewahren. Obwohl die Gemeinde Geld sammelte und sich um Zuschüsse bemühte, wären die ersten dringend gebotenen Restaurierungsschritte ohne die Hilfe der ZEIT-Stiftung nicht möglich gewesen. Die Stiftungsgelder ermöglichten zwar noch nicht die komplette Restaurierung der Orgel, die über 45 Register verfügt, aber bis zum Dezember 2001 kann sie zumindest teilsaniert werden. Sie wurde gereinigt, der für die Klangqualität besonders wichtige Winddruck wurde wiederhergestellt und die Spiel- und Registertraktur sowie die Balg- und Kanalanlage in den ursprünglichen Zustand zurückversetzt.

Die imposante Orgel in der Stadtkirche der früheren Residenz Neustrelitz erklingt wieder, aber vollständig hergestellt ist ihr ursprüngliches Klangbild noch nicht. Für die komplette Restaurierung sind noch weitere Spenden notwendig.

Seit Abschluss des ersten Bauabschnitts im Dezember 2001 wird die Orgel wieder zu Gottesdiensten und Konzerten gespielt. Ist damit auch der ursprüngliche Klang komplett wiederhergestellt? Martin Ohse schüttelt den Kopf. »Noch nicht ganz«, sagt er, »denn im Moment fehlen nach wie vor einige Register. In technischer Hinsicht könnte man sie zwar problemlos rekonstruieren, doch das ist für die Gemeinde zurzeit nicht finanzierbar.« Die bisher geleistete Restaurierung sei schon ein Riesenschritt nach vorn, meint der Kirchenmusikdirektor, der jetzt darauf hofft, dass auch das Geld für die restlichen Arbeiten bald zusammenkommt. Das ist für die Gemeinde der Stadtkirche keine leichte Aufgabe, aber die Spendenbereitschaft zeigt, dass die Neustrelitzer den besonderen Wert ihrer Orgel kennen. Deshalb wollen sie dieses kostbare Instrument bald wieder so hören, wie es ursprünglich geklungen hat.

INFO Die Kirche ist von Ende Juni bis 30. August montags bis freitags von 10.00 bis 12.00 und von 15.00 bis 17.00 Uhr geöffnet. Gottesdienste finden sonntags um 10.00 Uhr statt. Informationen zu Konzerten, Tel.: 039 81/20 55 42 (Pfarramt), www.kirchenmusik-mecklenburg.de

DIE ORGEL 1893 Barnim Grüneberg, Stettin – 1953 Umdisponierung, Otto Müller, Frankfurt/Oder – 1978 Umbau und Umdisponierung, Wilhelm Sauer, Frankfurt/Oder – 2001 Teilsanierung, Christian Scheffler, Sieversdorf, und Mecklenburger Orgelbau, Plau – III/P 45 – Mechanische Kegelladen, Barkerhebel

Ehemalige Hauptstadt an der Mecklenburger Seenplatte

Neustrelitz liegt inmitten der Mecklenburger Seenplatte. Der quadratische Marktplatz bildet das Zentrum der 1733 gegründeten Stadt, die als achteckiger Stern angelegt wurde. Bis 1918 war Neustrelitz Residenz des Großherzogtums und bis 1934 Hauptstadt des Freistaats Mecklenburg-Strelitz. Das Schloss wurde von der Bezirksbehörde geschleift, nachdem es den Zweiten Weltkrieg überstanden hatte. Zu den wichtigsten Bauwerken der Stadt gehören die neugotische Schlosskirche, die barocke Orangerie im Schlossgarten sowie die Stadtkirche. Die ursprünglich barocke Anlage des Schlossgartens wurde in der zweiten Hälfte des 19. Jahrhunderts nach Plänen von Peter Joseph Lenné in einen Landschaftspark umgewandelt.

AUSKUNFT Stadtverwaltung Neustrelitz, Tel.: 039 81/25 30

Parchim

St. Georgen

In der Parchimer St. Georgenkirche, einer beeindruckenden gotischen Halle aus dem 13./14. Jahrhundert, baute der Schweriner Orgelbaumeister Friedrich Friese 1871 eines seiner größten Instrumente – ein Glanzstück unter den historischen Orgeln in Mecklenburg. Wer sich noch 1998 das Innere dieser Orgel ansah, musste aufpassen, nicht in einen von vielen wassergefüllten Töpfen zu treten, die überall als Luftbefeuchter aufgestellt waren. Den Prospekt hatte man von oben mit einer Plastikfolie abgedeckt, um das stark beschädigte Werk wenigstens vor Staub zu schützen. Der Kirchgemeinderat von St. Georgen und ein eigens gegründeter »Förderverein Friese-Orgel« ließen 1998 ein Gutachten erstellen, in dem eine »konsequente Restaurierung« empfohlen wurde. Technisch kein Problem, wohl aber finanziell. Erst mit der Aufnahme in das ZEIT-Stiftungs-Förderprogramm wurde eine Restaurierung möglich, die – regelmäßige Wartung vorausgesetzt – nun weitere 100 Jahre Funktionstüchtigkeit garantieren soll.

Nachdem Stiftungsmittel bewilligt waren, wurden die Orgelbaumeister Kristian Wegscheider in Dresden und Andreas Arnold im mecklenburgischen Plau mit der Restaurierung beauf-

Jahrelang hatte sich der »Förderverein Friese-Orgel« um die Restaurierung dieses wertvollen Instruments bemüht. Im Herbst 2001 konnte dieses ehrgeizige Ziel erreicht werden.

tragt. Im Herbst 2001 waren alle Arbeiten vollendet, so dass die Friese-Orgel mit einer Festwoche wieder eingeweiht werden konnte. »Diese restaurierte Orgel wird mit ihren Klängen die Gottesdienste bereichern und für die Kirchenmusik in der Stadt zunehmend an Bedeutung gewinnen. Denn nun tritt unweigerlich die internationale Fachwelt auf den Plan, und das bleibt in der Stadt nicht unbemerkt und ohne positive Folgen«, meint der Orgelsachverständige Wolfgang Leppin.

INFO Gottesdienste sonntags 10.00 Uhr, Informationen über die »Stunde der Orgelmusik« und weitere Konzerttermine unter Tel.: 038 71/21 34 23 (Pfarramt) oder bei Kirchenmusiker Fritz Abs, Tel.: 038 71/60 68 43
DIE ORGEL 1871 Friedrich Friese (III), Schwerin – 1954 klangliche Umgestaltung, Wilhelm Sauer, Frankfurt/Oder – 2000/2001 Restaurierung, Kristian Wegscheider, Dresden, und Mecklenburger Orgelbau, Plau – II/P 25 – Mechanische Schleifladen

Parchim

Die Stadt geht auf eine Burganlage zurück, die 1170 erstmals urkundlich erwähnt wurde. Die Siedlung erhielt um 1200 das Stadtrecht. Im Zentrum der Altstadt steht die gotische Georgenkirche, ursprünglich eine spätromanische Backsteinbasilika, die nach einem Brand zwischen 1290 und 1330 als dreischiffige gotische Hallenkirche mit quadratischem Westturm wieder aufgebaut wurde. Kostbarstes Stück der bedeutenden Ausstattung ist der – leider nur fragmentarisch erhaltene – ehemalige Hochaltar von Henning Leptzow aus dem Jahr 1421. Parchims zweiter bedeutender Sakralbau ist die 1249 erstmals erwähnte Pfarrkirche St. Marien, eine noch spätromanisch geprägte dreijochige Halle aus dem 13. Jahrhundert. Der Turm war gegen 1330 vollendet, ebenfalls im 14. Jahrhundert erhielt das Langhaus ein Kreuzrippengewölbe. Die Innenausstattung ist spätgotisch bis frühbarock. Es lohnt sich auch, den Turm zu besteigen. Durch die leicht zu öffnenden Schallluken bietet sich ein Panoramablick auf die mecklenburgische Landschaft. Zu den weiteren Sehenswürdigkeiten der an historischen Bauwerken reichen Stadt gehören das Rathaus (teilweise noch aus dem 14. Jahrhundert) und Reste der alten Stadtbefestigung.

AUSKUNFT Stadtinformation Parchim, Tel.: 038 71/21 28 43

Richtenberg
St. Nikolai

Die Stadtkirche St. Nikolai geht auf ein Bauwerk aus der Mitte des 13. Jahrhunderts zurück, von dem jedoch nur noch der aus Feldsteinen gemauerte spätromanische Chor erhalten geblieben ist. Bemerkenswert ist das Kuppelgewölbe und der mit Backsteinblenden reich geschmückte Ostgiebel. Langhaus, Turm und Westportal entstanden Anfang des 15. Jahrhunderts. Die mit Gemälden versehene Kanzel stammt aus dem frühen 18. Jahrhundert. Im Langhaus blieb eine dekorative Ausmalung aus der Spätgotik erhalten, am Fuß des Triumphbogens sind die Figuren von Petrus und Paulus zu finden.

Auf der Westempore steht eine Orgel, die 1861 von der Stralsunder Orgelbauwerkstatt Friedrich Albert Mehmel gebaut wurde. Mehmel war ein Schüler des berühmten Orgelbaumeisters Friedrich Ladegast. Die Richtenberger Orgel hat 18 Register, die auf zwei Manuale und Pedal verteilt sind. Leider hat das Instrument im 20. Jahrhundert durch Verschleiß, Verschmutzung und unsachgemäße Behandlung sehr gelitten. 1917 mussten die zinnernen Prospektpfeifen für Rüstungszwecke dem Weltkrieg geopfert werden. Später wurden sie durch minderwertige Zinkpfeifen ersetzt. In den 1930er-Jahren wurde die Orgel umdisponiert und später unsachgemäß gewartet – mit verhängnisvollen Folgen. Martin Rost, der Orgelsachverständige der Pommerschen Evangelischen Landeskirche, schrieb im Herbst 2000: »Starke Verschmutzung, Verschleiß, Holzwurmbefall und leider das fachlich unzureichende, ja geradezu kriminelle Wirken gewissenloser Orgelbauer nach 1945 haben dieses einst sehr schöne, hochromantische Werk in einen traurigen Zustand geraten lassen. Nur notdürftig kann die Orgel noch

Die Orgel der Stadtkirche St. Nikolai wurde 1861 von der Stralsunder Orgelbauwerkstatt Friedrich Albert Mehmel gebaut.

gottesdienstlich genutzt werden, doch schreitet der Verfall fort. Die Orgel ist in ihrer historischen Substanz bedroht.«

Für die Gemeinde, die das Instrument erhalten wollte, ergaben sich zwei Möglichkeiten: entweder eine komplette Restaurierung unter denkmalpflegerischem Gesichtspunkt, also mit klanglicher Rückführung auf den Zustand von 1861, oder eine gründliche Generalreparatur, bei der der teilweise nicht mehr originale Bestand erhalten bleiben würde.

Allein aus finanziellen Gründen entschied sich die Gemeinde schließlich für die zweite Lösung, eine komplette Restaurierung soll zu einem späteren Zeitpunkt vorgenommen werden. Nachdem die Firma Wilhelm Sauer aus Frankfurt an der Oder den Auftrag ausgeführt hatte, konnte die Orgel Weihnachten 2002 wieder geweiht werden. Damit ist der Bestand der wertvollen Mehmel-Orgel zunächst gesichert. Ihr heutiger Zustand macht nicht nur eine Nutzung für den gottesdienstlichen Gebrauch, sondern auch für Kirchenkonzerte möglich.

INFO Gottesdienste sonntags 9.30 Uhr, Informationen zu kirchenmusikalischen Veranstaltungen unter Tel.: 03 83 22/361 (Pfarramt)
DIE ORGEL 1861 Friedrich Albert Mehmel, Stralsund – um 1930 Umdisponierung – 2002 Generalreparatur, Wilhelm Sauer, Frankfurt/Oder – II/P 18 – Mechanische Schleifladen

Richtenberg – Stadt mit wechselvoller Geschichte

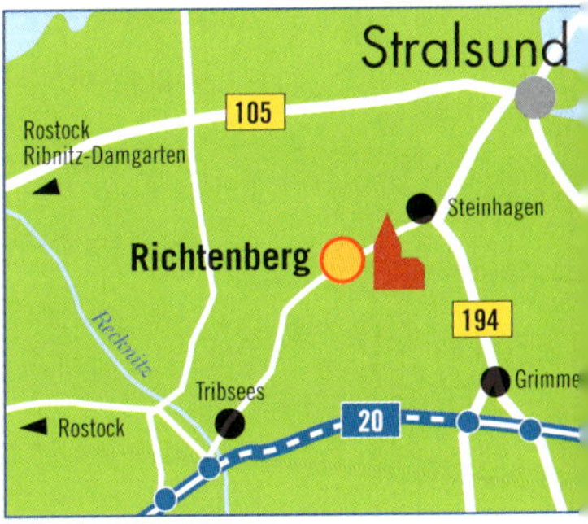

Bereits 1231 erstmals als Kirchdorf urkundlich erwähnt, besaß Richtenberg schon Ende des 13. Jahrhunderts das Stadtrecht. Zunächst zur Botmäßigkeit des Klosters Neuenkamp gehörend, wurde Richtenberg am Ende des Dreißigjährigen Kriegs schwedisch und 1815 preußisch. Der Marktplatz hat eine dreieckige Grundform, bedeutendstes Bauwerk ist die Stadtkirche St. Nikolai mit ihrer künstlerisch wertvollen Ausstattung. Das benachbarte Pfarrhaus ist ein ebenerdiges Fachwerkhaus. Es finden sich noch zahlreiche Fachwerkhäuser, die teilweise später verputzt wurden und über schön geschnitzte Haustüren verfügen. Die südwestlich von Stralsund gelegene Ackerbürgerstadt bietet sich als Ausflugsziel für Besucher der Hansestadt an.

AUSKUNFT Tourismuszentrale der Hansestadt Stralsund, Tel.: 038 31/246 90

Röbel
St. Marien

Wenn er von diesem Instrument erzählt, kommt Friedrich Drese ins Schwärmen. »Der Umbau durch Lütkemüller ist genial und für die Orgelgeschichte von beachtlicher Bedeutung, weil er fast das gesamte Schmidt-Werk erhielt, es klanglich aber in ein eigenes Konzept integrierte«, meint der Leiter des Malchower Orgelmuseums.

Werfen wir aber zunächst einen Blick auf St. Marien, eine dreischiffige Hallenkirche mit rechteckigem Chor und quadratischem Westturm. Sie wurde Mitte des 13. Jahrhunderts an Stelle eines älteren Vorgängerbaus errichtet. Ihr heutiges Gepräge erhielt die Kirche Mitte des 19. Jahrhunderts durch eine neugotische Restaurierung unter der Leitung des Architekten Theodor Krüger. Damals bekam der Turm seinen Aufsatz und die gesamte Ausstattung ein neugotisches Gepräge. Rudimente der mittelalterlichen Ausmalung auf den Gewölberippen im Chor blieben aber ebenso erhalten wie einige Ausstattungsstücke des 15. Jahrhunderts.

Prägend für den gesamten Kirchenraum wurde die neugotische Umgestaltung. Im Rahmen dieser Restaurierung entstand auch die Lütkemüller-Orgel, deren Eichenholzprospekt sich stilistisch in das damals entstandene Raumkonzept einfügt. Als Lütkemüller sich 1849 ans Werk machte, fand er eine damals noch relativ neue Orgel vor, die Johann Joachim Schmidt aus Malchin 1820–22 erbaut hatte. Diese wiederum hatte ein 1686–88 von Samuel Gehrke aus Güstrow erbautes Instrument ersetzt. Dass die Schmidt-Orgel Mitte des 19. Jahrhunderts verändert werden musste, erklärt sich nur aus der Umgestaltung der Kirche. Damit der Kirchenraum mehr Licht erhalten konnte, sollte eine neue, kürzere Empore gebaut werden. Deshalb musste die Orgel abgebaut werden. Lütkemüller, der diese Arbeit ausführte, schlug eine Erweiterung und Umdisponierung des Instruments vor. Die Orgel erhielt am neuen Standort einen neugotischen Prospekt, in dem sie technisch fast unverändert wieder aufgebaut wurde. Neu waren der Spieltisch und je ein zusätzliches Register in Ober- und Hauptwerk, das Pedal erhielt sogar zwei zusätzliche Register. »Mit den Verände-

Die Marienkirche wurde Mitte des 13. Jahrhunderts errichtet, erhielt aber Mitte des 19. Jahrhunderts durch den Architekten Theodor Krüger ein neugotisches Gepräge.

rungen durch Lütkemüller erhöhte sich der Klangreichtum bedeutend. Lütkemüller schuf eine Synthese aus dem stilistisch dem 18. Jahrhundert zuzuordnenden Bestand Schmidts und seinem romantisch orientierten Klangbestreben. Dieses Instrument erhält dadurch eine Sonderstellung in Lütkemüllers reichhaltigem Schaffen«, meint Friedrich Drese.

Anfang der 90er-Jahre des 20. Jahrhunderts war die Orgel dringend reparaturbedürftig. Als notwendig erwiesen sich nicht nur eine gründliche Reinigung und Holzschutzbehandlung, sondern u. a. auch die Überholung der Windladen und aller Spieltrakturen sowie die Reparatur vieler Pfeifen. Nachdem die ZEIT-Stiftung im Juni 2002 ausreichende Fördermittel bewilligt hatte, kann die Restaurierung von der Firma Alexander Schuke, Potsdam, durchgeführt und wahrscheinlich im Jahr 2004 abgeschlossen werden.

INFO Gottesdienste von Mai bis September sonntags 10.00 Uhr, Informationen zu kirchenmusikalischen Veranstaltungen unter Tel.: 03 99 31/526 85 (Pfarramt)
DIE ORGEL 1820/22 Johann Schmidt, Malchin – 1853, 1863, 1874 Umbau und Umdisponierung, neugotisches Gehäuse, Friedrich Hermann Lütkemüller, Wittstock – 2004 Restaurierung, Alexander Schuke, Potsdam – II/P 24 – Mechanische Schleifladen

Eine Stadt, zwei Bistümer

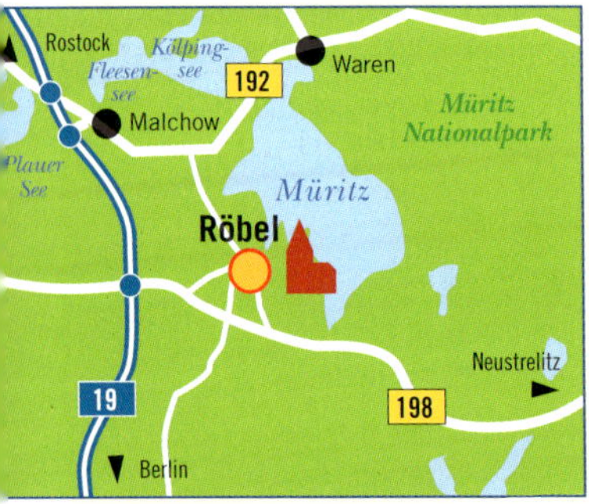

Die Marienkirche liegt im Zentrum des Anfang des 13. Jahrhunderts gegründeten Alt-Röbel, etwas später wurde südöstlich davon Neu-Röbel mit der Nikolaikirche planmäßig angelegt. Bis ins 16. Jahrhundert hinein verlief zwischen beiden später vereinigten Ortsteilen die Grenze zwischen den Bistümern Schwerin und Havelberg. St. Marien gehörte zu Schwerin, St. Nikolai zu Havelberg. Neben der Marienkirche ist St. Nikolai, eine dreischiffige Backsteinhalle aus der Frühgotik mit neogotischer Ausstattung, das bedeutendste Bauwerk der Stadt, die durch ebenerdige oder zweigeschossige Fachwerkhäuser geprägt wird. Erhalten blieben auch Reste der mittelalterlichen Stadtbefestigung. Dank seiner landschaftlich schönen Lage an der Müritz ist Röbel ein beliebter Ausflugsort, der sich als Ausgangspunkt für Wanderungen, Boots- oder Schiffsfahrten anbietet. Vom Turm der Marienkirche aus bietet sich ein malerischer Ausblick auf den Müritzsee.

AUSKUNFT Tourist Information Röbel, Tel.: 03 99 31/506 51

Rostock
Heiligen-Geist-Kirche

Die Heiligen-Geist-Kirche ist ein Bau des frühen 20. Jahrhunderts, in dessen innenarchitektonische Konzeption die von der Firma Walcker gelieferte Orgel bereits einbezogen wurde. Die in Ludwigsburg ansässige Firma besaß damals bereits Weltruf. Außer der Rostocker Orgel baute sie in Mecklenburg noch Instrumente in der Stadtkirche Sternberg sowie die beiden im

Die Walcker-Orgel der Rostocker Heiligen-Geist-Kirche ist ein bedeutendes historisches Instrument, das sich nicht nur für den liturgischen Gebrauch, sondern auch für Konzerte eignet.

Zweiten Weltkrieg zerstörten Orgeln in St. Marien, Neubrandenburg, und St. Petri, Rostock. Die Orgel der Heiligen-Geist-Kirche ist trotz ihrer unbestreitbaren Klangqualität ein preisgünstiges Instrument gewesen, was sich vor allem daran zeigt, dass ein großer Teil der Metallregister aus Zink gefertigt wurde. Wie viele Orgeln des späten 19. und frühen 20. Jahrhunderts wurde auch das Rostocker Instrument umdisponiert – aus heutiger Sicht keine gute Entscheidung. Die Arbeiten führte 1978/79 die inzwischen nicht mehr bestehende Weimarer Firma Kirchner aus. Um die damals eingebauten zusätzlichen Register unterzubringen, mussten in den ohnehin schon sehr engen Prospekt noch zwei weitere Windladen eingefügt werden.

Unregelmäßige und mangelhafte Wartung hat dazu geführt, dass sich die Orgel Ende des 20. Jahrhunderts sowohl in technischer als auch klanglicher Hinsicht in schlechtem Zustand befand. Als besonders problematisch erwies sich in diesem Zusammenhang die Turmsanierung, die sich jahrelang hinzog. Sie führte dazu, dass sich feinster Baustaub auf allen nach oben gekehrten Flächen der Orgel festsetzte. Außerdem gab es Schäden an der Mechanik und am Spieltisch, dessen Funktion nicht mehr voll gewährleistet war.

Die Rostocker Walcker-Orgel ist ein bedeutendes historisches Instrument, das sich nicht nur für den liturgischen Gebrauch, sondern auch für Konzerte eignet. Daher bemühte sich die Gemeinde um eine Restaurierung, für die die ZEIT-Stiftung Hilfsgelder zur Verfügung stellte. Dabei wurde das Instrument nicht nur gereinigt und technisch in Stand gesetzt, sondern auch auf seine ursprüngliche Disposition zurückgeführt. Die Orgelwiederweihe fand im Juli 2001 statt.

INFO Gottesdienste sonntags 10.00 Uhr, Infos zu kirchenmusikalischen Veranstaltungen unter Tel.: 03 81/492 25 78 (Pfarramt) oder 03 81/200 31 51 (Kirchenmusiker)

DIE ORGEL 1908 F. E. Walcker und Cie, Ludwigsburg – 1968–77 etappenweise klangliche Umgestaltung – 2000/2001 Restaurierung, Christian Scheffler, Sieversdorf – III/P 41 – Pneumatische Kegelladen, originaler Freipfeifenprospekt aus Zink

Stadtgeschichte in Backstein

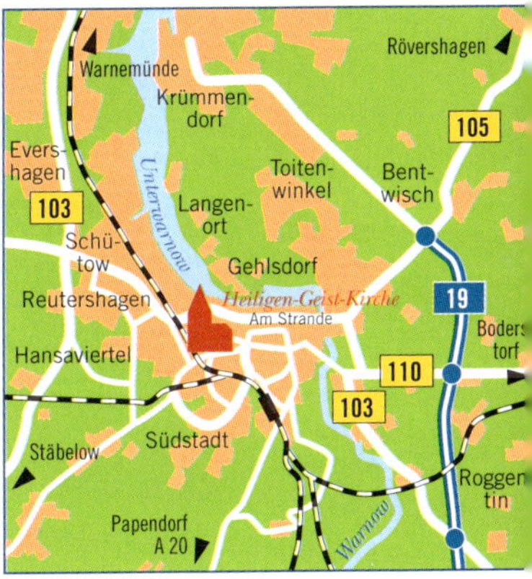

Die an der Warnowmündung gelegene Hansestadt geht auf eine slawische Handelsniederlassung aus dem 12. Jahrhundert zurück. 1218 erhielt Rostock das Lübische Stadtrecht. Ihre Blütezeit erlebte die Stadt als Mitglied des Hansebundes im 14. und 15. Jahrhundert. Die 1419 gegründete Universität ist die älteste in Nordeuropa. Obwohl die Stadt im Zweiten Weltkrieg schwer zerstört wurde, blieben einige bedeutende Baudenkmäler erhalten, darunter großartige Zeugnisse der norddeutschen Backsteingotik wie die Marienkirche, das Kloster zum Heiligen Kreuz (heute Kulturhistorisches Museum), das Kröpeliner Tor oder das ursprünglich gotische, später aber mit einer barocken Schaufassade versehene Rathaus. Am Alten Strom im direkt an der Ostsee gelegenen Stadtteil Warnemünde (mit breiten Sandstränden) stehen malerische Fischerhäuser, in denen heute vor allem Restaurants und Geschäfte untergebracht sind.

AUSKUNFT Tourist Information Rostock, Tel.: 03 81/194 33 oder 3 81 22 22

Saal
Dorfkirche

Still und recht abgeschieden wirkt das landschaftlich ungemein reizvoll am Saaler Bodden gelegene Dorf, dessen Geschichte bis weit ins Mittelalter zurückreicht. Davon zeugt vor allem die Kirche, ein gotischer Backsteinbau. Der Chor mit polygonalem Abschluss und Kreuzrippengewölbe dürfte im frühen 14. Jahrhundert erbaut worden sein. Etwas später fügten die Bauleute das dreischiffige Langhaus an. Der frei stehende Glockenturm auf dem Kirchhof ist viel später entstanden. Ursprünglich geplant, aber wohl nie realisiert, war ein Turm an der Westseite des Langhauses. Darauf lässt zumindest das gegenüber den östlichen Pfeilern weit stärker dimensionierte westliche Pfeilerpaar schließen.

Während es sich bei der Kalksteintaufe um ein gotisches Kunstwerk aus dem 13. Jahrhundert handelt, sind Altar und Kanzel Arbeiten eines namentlich nicht bekannten Barockmeisters aus dem frühen 18. Jahrhundert. Im Hauptfeld des Altaraufsatzes ist ein Relief der Ölbergszene zu sehen, flankiert wird es von gedrehten Säulen und den Figuren der alttestamentlichen Gestalten Moses und Aaron. Christus mit der Siegesfahne bekrönt den Schalldeckel der Kanzel, deren von Engeln getragener Korb mit Reliefs aus dem Leben Jesu verziert ist.

Das bedeutendste Ausstattungsstück der Kirche ist die Orgel. Nicht nur, weil es sich um eines der ganz wenigen spätbarocken Instrumente in Mecklenburg-Vorpommern handelt, sondern auch auf Grund der Qualität ihrer Ausführung. Gebaut wurde sie 1780 von dem Rostocker Meister Christian Heinrich Kersten, von dem nur drei Instrumente erhalten geblieben sind. Die Saaler Orgel ist von ihnen das einzige zweimanualige Werk. Kersten hatte sein Handwerk vermutlich bei Paul Schmidt gelernt, in der Sorgfalt der Ausführung übertraf er jedoch seinen Lehrmeister. Zu den Besonderheiten der Saaler Orgel

Die 1780 von Christian Heinrich Kersten erbaute Orgel in Saal gehört zu den wenigen spätbarocken Instrumenten in Mecklenburg-Vorpommern.

gehört das Pedalregister Fagott 8', bei dem es sich um eines der ältesten derartigen Register in Mecklenburg-Vorpommern handelt. Leider ließ sich der ursprüngliche Klangreichtum der Kersten-Orgel lange Zeit kaum ermessen. Jahrzehntelang vernachlässigt, befand sich das wertvolle Instrument bis vor kurzem in bedenklichem Zustand: Die Balganlage war undicht, die Mechanik erheblich beschädigt, die Substanz wurde durch Holzwurmbefall bedroht. Dank des Engagements der Deutschen Stiftung Denkmalschutz ist nun eine umfassende Restaurierung in greifbare Nähe gerückt. Die Arbeiten sollen noch 2003 beginnen und werden von der Firma J. C. van Rossum aus den Niederlanden ausgeführt. Ab 2004 wird die Kersten-Orgel mit ihrer barocken Klangpracht wieder Musikliebhaber in das kleine Dorf am Saaler Bodden locken.

INFO Zweiwöchentlich Gottesdienste 9.30 Uhr, Infos zu Gottesdiensttterminen über die angeschlagenen Plakate und zu kirchenmusikalischen Veranstaltungen unter Tel.: 03 82 27/204 (Pfarramt Lüdershagen)

DIE ORGEL 1780 Christian Heinrich Kersten, Rostock – um 1860 Umbau, Barnim Grüneberg, Stettin – 1904 Umbau, Barnim Grüneberg, Stettin – 2003/2004 Restaurierung, J. C. van Rossum, Andel (Niederlande) – II/P 14 – Mechanische Schleifladen

Wustrow – Seebad mit Seefahrtstradition

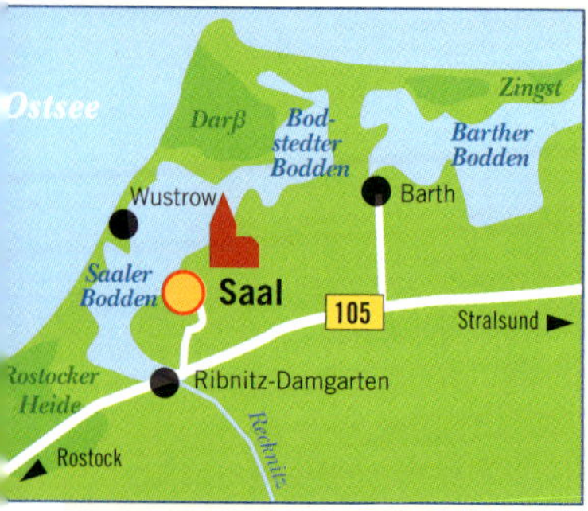

Westlich des Saaler Boddens liegt das Fischland, das mit dem sich nordöstlich anschließenden Darß und Zingst eine etwa 50 Kilometer lange Halbinselkette bildet. Der wichtigste und zugleich älteste Ort auf Fischland ist das Ostseebad Wustrow mit einer hohen Steilküste und breiten Sandstränden. Bereits 1880 wurde hier der Badebetrieb aufgenommen. Sehr viel weiter zurück reicht die Seefahrtstradition des Ortes. Bis ins späte 19. Jahrhundert hinein befuhren Segelschiffe aus Wustrow die Weltmeere. Die 1846 gegründete Großherzoglich-Mecklenburgische Navigationsschule, die später zur Hochschule für Seefahrt Warnemünde-Wustrow gehörte, wurde nach der Wende aufgelöst. So erinnern nur noch die schmucken Ziegelbauten der einstigen Wustrower Kapitänshäuser an die lange Seefahrtstradition. Vom Turm der Wustrower Kirche aus bietet sich ein wunderbarer Panoramablick auf die reizvolle Küstenlandschaft.

AUSKUNFT Kurverwaltung Ostseebad Wustrow, Tel.: 03 82 20/251

Sagard
St. Michael

Die Sagarder Dorfkirche ist ein Backsteinbau aus dem frühen 13. Jahrhundert, der im Lauf der Vergangenheit mehrfach verändert wurde. Aus der Ursprungszeit erhalten blieben unter anderem der Triumphbogen und die Langhauswände. Der Altar mit Heiligenfiguren und zwei Reliefs mit Abendmahls- und Kreuzigungsdarstellungen stammt von 1727, die Kanzel, die Taufe, das Gestühl und die Emporen entstanden 1830 im Rahmen einer tief greifenden Umgestaltung des Kirchenraums.

Glücklicherweise verzichtete man damals darauf, die Orgel zu ersetzen, denn dabei handelt es sich um ein besonderes Instrument, dessen Bedeutung weit über Pommern hinausreicht. 1795 erbaute der Stralsunder Orgelbauer Christian Kindten diesen außergewöhnlichen Klangkörper. Außer in Sagard gibt es nur noch in Gingst ein Werk dieses Meisters, der sein Handwerk in St. Petersburg vermutlich bei einem schwedischen Lehrherrn erlernt hatte. Martin Rost, Orgelsachverständiger der Pommerschen Landeskirche, schrieb: »Kindtens Orgeln in Sagard und Gingst zeichnen sich durch die Verwendung hervorragenden Materials, erstklassige handwerkliche Arbeit und eine edle Intonation aus. Damit stehen die Instrumente in recht starkem Kontrast zur etwas bäuerlich-derben Bauweise von Paul Schmidt und seiner Schule und repräsentieren im Gegensatz zu diesen eher provinziellen ›Choral-Orgeln‹ das Spitzenniveau des Orgelbaus am Ende des 18. Jahrhunderts.«

Im Lauf der Zeit wurde die Orgel mehrfach verändert und durch die Erweiterung im Rahmen der Kirchenumgestaltung 1830 von ihrem ursprünglichen Standort versetzt. Auch die Farbfassung des spätbarocken Prospekts, der ursprünglich in

Der Altar der mittelalterlichen Dorfkirche von Sagard stammt aus dem Jahr 1727.

die Empore integriert war, wich vom Originalzustand ab. Nachdem bereits 1997 eine mit einer Notreparatur verbundene Konservierung die Erhaltung der wertvollen Substanz gewährleistet hatte, ergab sich die Notwendigkeit einer weiteren Restaurierung, die durch die Aufnahme in das Förderprogramm auch möglich wird. Die Arbeiten, die die Firma Kristian Wegscheider aus Dresden ausführt, beginnen im Sommer 2003 und sollen Pfingsten 2004 beendet sein. Sie umfassen eine vollständige Wiederherstellung des Originalzustands. Dazu zählt vor allem die Rücknahme der Umdisponierung, aber auch die Rekonstruktion der ursprünglichen Farbigkeit des spätbarocken Prospekts. Sagard wird in naher Zukunft wieder eines der wertvollsten Instrumente des Spätbarock in ganz Norddeutschland besitzen – eine Orgel, die nicht nur von den Gemeindemitgliedern geschätzt, sondern gewiss auch auf musikinteressierte Rügen-Besucher große Anziehungskraft ausüben wird.

INFO Gottesdienste von Pfingsten bis Erntedank jeden 1. und 3. Sonntag im Monat 9.30 Uhr, sonst im Pfarrhaus; Infos zu kirchenmusikalischen Veranstaltungen unter Tel.: 03 83 02/531 18 (Pfarramt)

DIE ORGEL 1795 Christian Kindten, Stralsund – um 1850 und um 1900 Umdisponierung – 2003/2004 Restaurierung, Kristian Wegscheider, Dresden – II/P 23 – Mechanische Schleifladen

Sagard – Kurbad für kurze Zeit

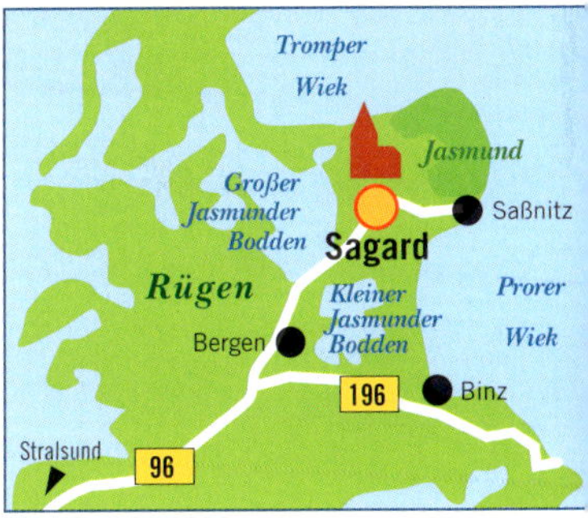

Das westlich von Saßnitz nicht weit vom Jasmunder Bodden gelegene Sagard lag zu slawischer Zeit an einer wichtigen Handelsstraße. Von der einstigen Bedeutung zeugt auch die bereits im 13. Jahrhundert erbaute Backsteinkirche. Als 1794 im Ort eine Mineralquelle gefunden wurde, schien sich eine glänzende Zukunft im Zeichen des gerade entstehenden Bädertourismus abzuzeichnen. Doch schon Anfang des 19. Jahrhunderts wurde der Betrieb der »Brunnen-, Bade- und Vergnügungsanstalt« wieder eingestellt. Erst sehr viel später profitierte der Ort von Ostseeurlaubern, die die etwas von der Küste entfernte stille Lage zu schätzen wussten. Südlich der Bundesstraße 96 liegt mit der »Dobberworth« die größte bronzezeitliche Hügelgrabanlage in Norddeutschland.

AUSKUNFT Touristservice der Stadt Saßnitz, Tel.: 03 83 92/64 90

Schlemmin

Dorfkirche

Die Schlemminer Kirche ist ein spätgotischer Feldsteinbau, der im Lauf der Jahrhunderte mehrfach verändert wurde. Im 18. Jahrhundert kam der von einer barocken Haube bekrönte Westturm hinzu. Das wertvollste Ausstattungsstück ist ein Sandsteinepitaph aus dem Jahr 1594 mit einer von Wappen und Säulen gerahmten Himmelfahrtsdarstellung.

Dass es sich bei der Orgel um ein besonders kostbares Instrument handelt, war angesichts ihres desolaten Zustands lange Zeit kaum zu erahnen. Erbaut wurde die Orgel 1841 von dem Berliner Meister Carl August Buchholz. Dieser hatte den Beruf des Orgelbauers von seinem Vater erlernt und 1817 dessen Werkstatt übernommen. Carl August Buchholz war ein innovativer Orgelbauer, der viele technische Neuerungen einführte und insgesamt mehr als 100 Instrumente baute. 1835 erhielt er auf Grund seiner Verdienste die offizielle Ernennung zum Akademischen Künstler – für einen Orgelbauer eine eher seltene Auszeichnung. Buchholz starb 1884 in Berlin, ein Jahr später wurde auch seine Firma aufgelöst.

1917 verlor die Orgel der Schlemminer Dorfkirche ihre Prospektpfeifen, die für Rüstungszwecke abgegeben werden mussten. Sie wurden durch Holzlatten ersetzt. Fehlende Pfei-

Die Substanz der 1841 erbauten Buchholz-Orgel in der spätgotischen Dorfkirche von Schlemmin blieb bis heute weitgehend unangetastet.

fen, erheblicher Verschleiß und Verschmutzung setzten der Orgel in den folgenden Jahrzehnten derart stark zu, dass sie seit 30 Jahren unspielbar war. Da lange Zeit keine Reparaturen vorgenommen wurden, blieb die Substanz der Buchholz-Orgel aber weitgehend unangetastet. »Es ist eine besonders wichtige Aufgabe der Denkmalpflege, die Orgel in Schlemmin, nunmehr seit Jahrzehnten unspielbar, zu neuem Leben zu erwecken«, schrieb Martin Rost, der Orgelsachverständige der Pommerschen Evangelischen Landeskirche, im Jahr 2000 in einem Gutachten. Die Kirchengemeinde war sich des Wertes ihrer Orgel, die in der Blütezeit der bedeutenden Berliner Werkstatt Buchholz entstanden war, bewusst und bemühte sich um eine Restaurierung. Mit der Aufnahme in das Förderprogramm konnte dieses Ziel schließlich erreicht werden. Seit der Weihe am 16. Februar 2003 kann Schlemmin wieder über diese besonders wertvolle Orgel des 19. Jahrhunderts verfügen, deren enormer Klangreichtum nicht nur von den Gemeindemitgliedern, sondern auch von vielen Konzertbesuchern geschätzt wird.

INFO Gottesdienste ab Ostern bis Totensonntag jeden 1. und 3. Sonntag im Monat, Infos zu kirchenmusikalischen Veranstaltungen unter Tel.: 03 82 25/223 (Pfarramt) und www.kirche-ahrenshagen.de

DIE ORGEL 1841 Carl August Buchholz, Berlin – 2001/2002 Restaurierung, Martin Christian Schmidt, Rostock – I/P 8 – Mechanische Schleifladen

Schlemmin – ein Dorf mit Kirche und Schloss

Mit Kirche, Schloss und Schlosspark verfügt das vorpommersche Dorf über ein besonders malerisches Ensemble. Das Schloss entstand um die Mitte des 19. Jahrhunderts. Im Geschmack dieser Zeit wurde es als gotisierender Putzbau in Form einer mittelalterlichen Wasserburg gebaut. Auch die vorgelagerten Wirtschaftsgebäude entsprechen stilistisch diesem Charakter. In der DDR-Zeit wurde das Schloss u. a. als Kindergarten genutzt, in den 90er-Jahren konnte es aufwendig restauriert werden. Heute dient es als Hotel.

AUSKUNFT Park-Hotel Schloss Schlemmin, Tel.: 03 82 25/516-0

Schwanbeck
Dorfkirche

In der zweiten Hälfte des 13. Jahrhunderts als Feldsteinbau errichtet, wurde die Schwanbecker Dorfkirche im 18. Jahrhundert stark verändert. Über dem Westgiebel erhebt sich ein Fachwerkturm mit steilem achtseitigem Helm aus dem Anfang des 17. Jahrhunderts. Das rechteckige Kirchenschiff ist flach

Schwanbeck besitzt eine frühe Sauer-Orgel. Gebaut wurde sie 1858 von Ernst Sauer aus Friedland, dem Vater von Wilhelm Sauer, der 1857 die noch bestehende Orgelbaufirma in Frankfurt an der Oder gründete.

gedeckt, der mit Rokoko-Ornamenten verzierte Kanzelaltar stammt aus dem späten 18. Jahrhundert.

Im Jahr 1858 erhielt die Kirche eine Orgel von dem im nahen Friedland ansässigen Meister Ernst Sauer. Er ist der Vater von Wilhelm Sauer, der 1857 die bis heute bestehende Firma in Frankfurt an der Oder begründete. Der Prospekt der Schwanbecker Orgel ist dreigliedrig, besteht aus Nadelholz und befindet sich auf der kleinen Westempore direkt vor der Kirchenwand. Hinter den Rundbögen des Gehäuses stehen noch die originalen, allerdings stummen Prospektpfeifen aus Zink. Der Spielschrank wurde unter dem mittleren Prospektfeld angebracht.

Da sich die Orgel in sehr schlechtem Zustand befand, bemühte sich die Gemeinde schon seit längerer Zeit um eine Restaurierung. Um eine gründliche Reinigung und die Behandlung mit Holzschutzmitteln vornehmen zu können, wurde die Orgel 1992 demontiert und in Einzelteilen auf der Empore gelagert. Dabei blieb es zunächst, denn für weitere Arbeiten fehlte der Gemeinde das Geld. Das änderte sich erst nach Aufnahme in das Förderprogramm. Im Jahr 2001 wurde die Firma W. Sauer Orgelbau, Frankfurt an der Oder, mit der Restaurierung beauftragt. Sie nahm alle notwendigen Reinigungs- und Instandsetzungsarbeiten vor und baute die Orgel wieder auf. Seit der Weihe am 1. September 2001 erklingt die historische Sauer-Orgel wieder – sowohl zu Gottesdiensten als auch zu Konzerten.

INFO Gottesdienste an jedem 1. Sonntag im Monat 8.30 Uhr, an jedem 3. Sonntag 10.00 Uhr, Infos zu kirchenmusikalischen Veranstaltungen unter Tel.: 039 69/51 03 65, www.kirchenmusik-mecklenburg.de

DIE ORGEL 1858 Ernst Sauer, Friedland – 2002 Restaurierung, Wilhelm Sauer, Frankfurt/Oder – I/P 8 – Mechanische Kegelladen

Friedland – eine alte Handelsstadt

Nur wenige Kilometer südöstlich von Schwanbeck liegt Friedland. Diese alte Handelsstadt entstand noch vor 1200 als Kaufmannssiedlung an der Kreuzung alter Handelsstraßen. Hier gab es bereits eine Nikolaikirche. In der benachbarten, 1244 von den Markgrafen Johann und Otto von Brandenburg gegründeten Marktsiedlung wurde die Marienkirche erbaut. Beide Siedlungen wuchsen schließlich zu einer Stadt zusammen, die eine Befestigungsanlage erhielt. Teile davon blieben trotz erheblicher Zerstörungen im Zweiten Weltkrieg erhalten. Besonders sehenswert sind der Anklamer und der Neubrandenburger Torturm. Während die Stadtpfarrkirche St. Marien, eine gotische Halle aus dem 14./15. Jahrhundert, erhalten blieb, wurde die Nikolaikirche im Zweiten Weltkrieg vernichtet. Die Ruine wurde gesichert, ein Wiederaufbau wäre technisch möglich, würde jedoch erhebliche finanzielle Anstrengungen erfordern.

AUSKUNFT Tourist-Information Friedland, Tel.: 03 96 01/229 32

Swantow
Dorfkirche

Nicht immer ist die Entstehungszeit alter Sakralbauten bekannt. Bei der gotischen Dorfkirche von Swantow, einem Backsteinbau unter Verwendung von Feldsteinen, wissen wir jedoch, dass sie 1464 fertig gestellt war, denn in diesem Jahr fand die Altarweihe statt. Allerdings wurde auch diese mittelalterliche Kirche in späteren Jahrhunderten umgebaut, verändert und ergänzt. So stammt der quadratische Westturm aus dem 16. bis 18. Jahrhundert. Bei Altar und Kanzel handelt es sich um barocke Ausstattungsstücke.

Die Orgel hat eine besondere Geschichte, deren Ausgangspunkt in einem anderen Ort liegt: Sie wurde 1846 von Friedrich Nerlich aus Stralsund für die Kirche des ebenfalls auf Rügen gelegenen Dorfs Neuenkirchen gebaut. Als Neuenkirchen 1892 eine neue, größere Orgel von Guido Knauf aus Tabarz in Thüringen erhielt, versetzte man das circa ein halbes Jahrhundert alte Instrument nach Swantow. Es ist gut vorstellbar, dass Knauf den Neuaufbau der Orgel vorgenommen und dabei einige Veränderungen durchgeführt hat. Verändert wurde u. a. der Prospekt, der sich erheblich von den stärker klassizistisch orientierten Prospektgestaltungen anderer Nerlich-Orgeln unterscheidet. In seinen neugotischen Formen ist er wohl Teil der 1891/92 verwirklichten neugotischen Umgestaltung der Swantower Dorfkirche.

An Stelle der im Ersten Weltkrieg verloren gegangenen Prospektpfeifen aus Zinn erhielt das Instrument in den 30er-Jahren des 20. Jahrhunderts Zink-Ersatzpfeifen. Es kam auch zu Veränderungen der Disposition. Durch Vernachlässigung und fehlende Wartung verschlechterte sich der Zustand der Orgel, die Ende des 20. Jahrhunderts kaum noch spielbar war. »Auf Grund der besonderen touristischen Bedeutung der Insel Rügen und der Möglichkeit, das Instrument stärker als anderswo möglich zu Konzerten zu nutzen, aber auch wegen des historischen Wertes befürworte ich die Restaurierung«, schrieb der Orgelsachverständige Martin Rost 2001 in einem Gutachten. Die Restaurierung soll noch 2003 beginnen. Nach Abschluss der Arbeiten wird die historische Nerlich-Orgel wieder ihren ursprünglichen Klangcharakter haben und die Orgellandschaft der Insel Rügen bereichern.

Blick auf die Dorfkirche von Swantow, die im 15. Jahrhundert als Backsteinbau unter Verwendung von Feldsteinen errichtet wurde.

INFO Gottesdienste sonntags 9.00 Uhr, Infos hierzu und zu kirchenmusikalischen Veranstaltungen unter Tel.: 03 83 07/201 (Pfarramt Poseritz)

DIE ORGEL 1846 Friedrich Nerlich, Stralsund – 1892 Umsetzung, Guido Knauf, Tabarz – um 1930 Dispositionsänderung – 2003 Restaurierung, Rainer Wolter, Zudar/Rügen – I/P 6 – Mechanische Schleifladen

Garz – die älteste Stadt auf Rügen

Kirchlich gehört Swantow zu dem weiter nördlich gelegenen Dorf Poseritz. Der nächstgrößere Ort ist Garz. Als erste Siedlung auf der Insel erhielt er bereits 1317 das Stadtrecht, dennoch bewahrt Garz bis heute sein dörfliches Gepräge. Die Stadtkirche stammt aus dem 14. und 15. Jahrhundert, hat aber eine überwiegend barocke Ausstattung. Nach einem verheerenden Stadtbrand im Jahr 1765 wurden die meisten Bürgerhäuser eingeschossig mit klassizistischen Anklängen neu gebaut. Vom Brand verschont blieb das stattliche Pfarrhaus, ein Fachwerkbau aus dem Jahr 1750 (Wendorfer Straße 17). Da sein Geburtsort Groß Schoritz zum Kirchspiel von Garz gehörte, wurde der Dichter Ernst Moritz Arndt 1769 hier getauft. Seit 1969 besteht in Garz das Ernst-Moritz-Arndt-Museum (An den Anlagen 1) mit einer Ausstellung zu Leben und Werk des Dichters und einer etwa 1.000 Bände umfassenden Bibliothek mit Arndt- und Rügen-Literatur.

AUSKUNFT Gemeindeverwaltung Garz, Tel.: 03 83 04/84 40

Varchentin
Dorfkirche

Die Varchentiner Dorfkirche stammt aus der Gotik, wurde jedoch im 19. Jahrhundert stark verändert. Im Zuge einer dieser Umbaumaßnahmen entstand 1851 auch die Orgel. Es ist rätselhaft, wie es dazu kam, dass der Hamburger Meister Johann Gottlieb Wolfsteller ausgerechnet in dem sehr abgelegenen und

Malerisch gelegen: die Dorfkirche von Varchentin. Der gotische Bau wurde im 19. Jahrhundert stark verändert.

damals nur schwer erreichbaren mecklenburgischen Dorf eine Orgel baute. Wolfsteller, der in Mecklenburg sonst nur noch in Pokrent und Groß Raden Instrumente ausführte, war Schüler des Orgelbauers Johann Wilhelm Geycke. In einem Gutachten, das die Potsdamer Orgelbaufirma Alexander Schuke im Herbst 2000 erstellte, heißt es: »Die solide Qualität des Varchentiner Instruments zeugt von der Tradition der hansestädtischen Zünfte, nur hervorragenden Handwerkern das Bürger- und Gewerberecht zu gewähren. Die Orgel in Varchentin ist ein sehr interessantes Instrument, an dem sehr deutlich die ›Hamburger Schule‹ des 17. und 18. Jahrhunderts zu erkennen ist.

Die Labienform an den Metallpfeifen, spitz auslaufend und gedrückt, ist eine typische hamburgische Tradition, die uns schon seit dem frühen 17. Jahrhundert überliefert ist. Ebenso verhält es sich mit der Anlage der Registerzüge im Spieltisch, die ebenfalls ein typisch norddeutsches Relikt aus längst vergangenen Zeiten darstellt.«

Leider blieb die Orgel vor Eingriffen und Veränderungen nicht bewahrt. Im Jahr 2000 fehlten nicht nur die originalen Prospektpfeifen, die 1917 für Rüstungszwecke abgegeben werden mussten und später nur durch minderwertige Zinkpfeifen ersetzt werden konnten, sondern auch mehrere komplette Register. Außerdem war das Instrument verschmutzt und musste – wollte man weiterem Verfall entgegentreten – dringend unter denkmalpflegerischen Gesichtspunkten in Stand gesetzt werden. Durch die Aufnahme in das Förderprogramm konnte die Gemeinde die Restaurierung ihrer wertvollen Orgel in Angriff nehmen. Die Arbeiten wurden im Mai 2002 begonnen und konnten im Dezember desselben Jahres abgeschlossen werden.

INFO Gottesdienste sonntags zu unterschiedlichen Zeiten, Infos zu kirchenmusikalischen Veranstaltungen unter Tel.: 03 99 34/75 13

DIE ORGEL 1851 Johann Gottlieb Wolfsteller, Hamburg – später mehrfache Umdisponierungen – 2002 Restaurierung und Teilrekonstruktion, Alexander Schuke, Potsdam – II/P 10 – Mechanische Schleifladen

Varchentin – Dorfidylle am See

Neben der Kirche besitzt das am Kleinen Varchentiner See gelegene Dorf auch ein prächtiges Schloss, das – wie auch das des benachbarten Kittendorf – Mitte des 19. Jahrhunderts im Stil der Tudorgotik erbaut wurde. Das Varchentiner Schloss ist ein Werk des Schweizer Baumeisters Mouson. Fertig gestellt wurde der lang gestreckte, mit Zinnen bekrönte weiße Backsteinbau 1847. Sehenswert ist auch der 25 Hektar umfassende Landschaftspark, an dessen Gestaltung der bedeutende Gartenarchitekt Peter Joseph Lenné beteiligt war.

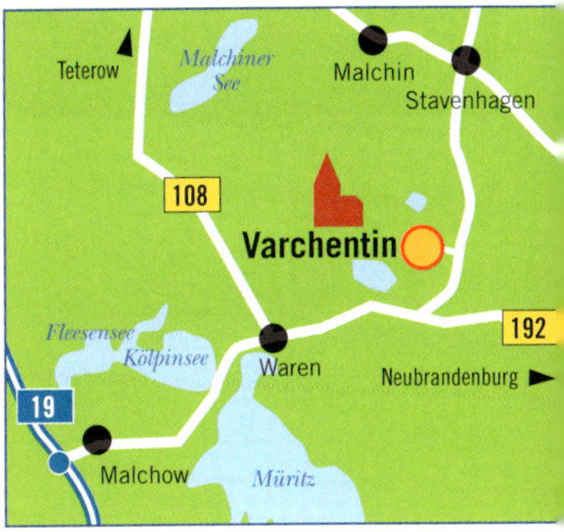

AUSKUNFT Amt Waren Land/Gemeinde Varchentin, Tel.: 039 91/62 80

Warlitz
Dorfkirche

Wahrscheinlich war es der Ludwigsluster Baumeister Johann Joachim Busch, der 1763–68 die Dorfkirche in Warlitz errichtete. Es ist ein stattlicher Feldsteinbau mit einem quadratischen Westturm, der von einem achtseitigen Aufsatz mit Haube abge-

schlossen wird. Beeindruckend ist besonders das Kircheninnere, dessen Rokoko-Ausstattung mit Kanzelaltar, Gestühl und Empore aus der Erbauungszeit stammt und weitgehend erhalten blieb. Auch die Orgel gehört zur ursprünglichen Ausstattung und ist damit Teil eines beeindruckenden Gesamtkunstwerks aus der zweiten Hälfte des 18. Jahrhunderts. Nachdem die Zuschreibung lange Zeit unklar gewesen war, konnte Jan von Busch nachweisen, dass es sich bei dem Warlitzer Instrument um ein Werk des Meisters Johann Georg Stein aus Lüneburg handelt. Neben Trebel bei Lüchow ist dies die einzige erhaltene Orgel dieses Meisters, der aus Thüringen stammte und die heimische Orgelbautradition mit norddeutschen Elementen verband. Stein wurde 1715 in Berlstedt bei Erfurt geboren. In Erfurt lernte er sein Handwerk, sah sich aber auf Grund des großen Konkurrenzdrucks Mitte des 18. Jahrhunderts nach einer neuen Wirkungsstätte um. Nachdem er 1756 den Auftrag für einen Orgelbau in Uelzen erhielt, verlegte er seine Werkstatt nach Lüneburg.

Die Warlitzer Orgel ist nicht groß, sie hat nur ein Manual mit neun Registern. Erst 1875 fügte »Friese III« ein angehängtes Pedal hinzu. Leider mussten die wertvollen Prospektpfeifen im Ersten Weltkrieg abgegeben werden, ohne dass sie

Die Rokoko-Ausstattung aus der zweiten Hälfte des 18. Jahrhunderts, zu der auch die Orgel gehört, blieb weitgehend erhalten und bildet ein eindrucksvolles Gesamtkunstwerk.

später ersetzt werden konnten. Schon seit dem Zweiten Weltkrieg konnte die Orgel nicht mehr gespielt werden, glücklicherweise blieb der wertvolle Pfeifenbestand jedoch weitgehend erhalten. Dazu schreibt Jan von Busch: »Besonders wertvoll ist das Zungenregister Dulcian 8', das in allen Teilen original ist. Ein solches Register aus der Barockzeit gibt es in

Mecklenburg sonst nirgends mehr. Nicht minder wertvoll ist der Tertian, der ebenso einzig ist. (...) Hinzu kommt vor allem die Stellung der Orgel im Zusammenhang einer lückenlos erhaltenen Ausstattung einer Rokokokirche aus gleicher Bauzeit: Hier ist alles aus einem Guss, ohne jede Veränderung und Verlust komplett erhalten – ein beispielloses Gesamtkunstwerk. So etwas ist in Mecklenburg einmalig, im gesamten norddeutschen Kulturraum zumindest selten anzutreffen. Hier könnte Musik aus dem 18. Jahrhundert in einer einzigartigen Weise ganzheitlich als Kunstwerk erfasst und erlebt werden.«

Angesichts dieser kunst- und musikgeschichtlichen Bedeutung stand die Notwendigkeit einer Restaurierung außer Frage. Um die Erhaltung der Kirche bemüht sich ein Förderkreis mit großem Engagement, und auch die Instandsetzung der wertvollen Orgel wurde nun durch die Aufnahme in das Förderprogramm möglich.

INFO Infos zu Gottesdiensten und kirchenmusikalischen Veranstaltungen unter Tel.: 03 88 48/212 08 (Pfarramt) und 038 56/312 84 (Förderverein Barockkirche Warlitz, Frau Vogel)

DIE ORGEL 1768 Johann Georg Stein, Lüneburg – 1813 Reparatur, Friedrich Jacob Friese (I), Schwerin – 1875 Einbau einer angehängten Pedalklaviatur, Friedrich Friese (III), Schwerin – 2002 Restaurierung, Firma Jehmlich und Kristian Wegscheider, Dresden – I/angeh. P 9 – Mechanische Schleiflade

Hagenow

Hagenow liegt etwa sieben Kilometer nordöstlich von Warlitz. Es entstand im 12. Jahrhundert als Dorf und erhielt 1370 das Stadtrecht. Ein Brand zerstörte 1538 fast die gesamte alte Bebauung. Heute wird das Stadtbild vor allem von Fachwerkbauten aus dem 18. und 19. Jahrhundert geprägt. Die Stadtkirche, ein kreuzförmiger neugotischer Backsteinbau mit vorgesetztem Westturm, entstand 1875–79 nach Plänen von Gustav Hamann. Sehenswert ist das spätklassizistische Empfangsgebäude des Bahnhofs im etwa zwei Kilometer entfernten Ortsteil Hagenow-Land.

AUSKUNFT Hagenow-Information, Tel.: 038 83/72 90 96

Orgelstadt Stralsund

Trotz einiger Verluste hat die historische Bausubstanz der Hansestadt Stralsund die Verheerungen des Zweiten Weltkriegs und die Vernachlässigungen während der DDR-Zeit erstaunlich gut überstanden. Wie im Mittelalter prägen auch heute die drei großen gotischen Pfarrkirchen St. Marien, St. Nikolai und St. Jakobi das Stadtbild. Es ist ein besonderer Glücksfall, dass in jeder dieser großen gotischen Backsteinkirchen eine Orgel von herausragender Bedeutung erhalten geblieben ist. Sowohl hinsichtlich ihrer handwerklichen wie klanglichen Qualität haben diese Instrumente im Kontext ihrer jeweiligen Erbauungszeit einen ganz besonderen Stellenwert. Kein Wunder, dass Stralsund zu den bedeutendsten Zentren der europäischen Orgelkultur gerechnet wird. Organisten, Orgelbauer, fachkundige Laien und Musikinteressierte aus aller Welt reisen in die alte Hansestadt, um hier die Zeugnisse der großen norddeutschen Musikkultur hören und erleben zu können. Die drei Instrumente sind zwar in ihrer Substanz erhalten geblieben, befinden sich aber in schlechtem Zustand. Obwohl auch an ihr Zeichen starken Verfalls sicht- und hörbar wurden, ließ sich die Stellwagen-Orgel in der Marienkirche zu Beginn des dritten Jahrtausends als einziges dieser drei Instrumente noch spielen.

Um Stralsunds einzigartige Orgelkultur zu retten, bedarf es umfassender Erhaltungs-, Restaurierungs- und Rekonstruktionsbemühungen, mit deren Kosten die jeweiligen Kirchengemeinden überfordert sind. Daher haben die Hermann Reemtsma Stiftung und die Deutsche Stiftung Denkmalschutz eine beispiellose Aktion ins Leben gerufen: Mit Millionenbeträgen unterstützen sie die Restaurierung der drei Orgeln, wodurch auch die kleineren historischen Orgeln im Umkreis von Stralsund stärker ins öffentliche Bewusstsein gerückt werden. Das in seinem Umfang deutschlandweit wohl einmalige Restaurierungsprojekt wird weitere Impulse geben: So ist die Einrichtung des »Baltischen Orgelzentrums Stralsund« geplant, das sich um die Pflege der norddeutschen Orgelmusik, um die Erhaltung der drei Großorgeln Stralsunds und um die Weiterbildung von Organisten bemühen wird. Außerdem sollen Konzerte, internationale Wettbewerbe, Fachtagungen sowie touristische Führungen veranstaltet werden.

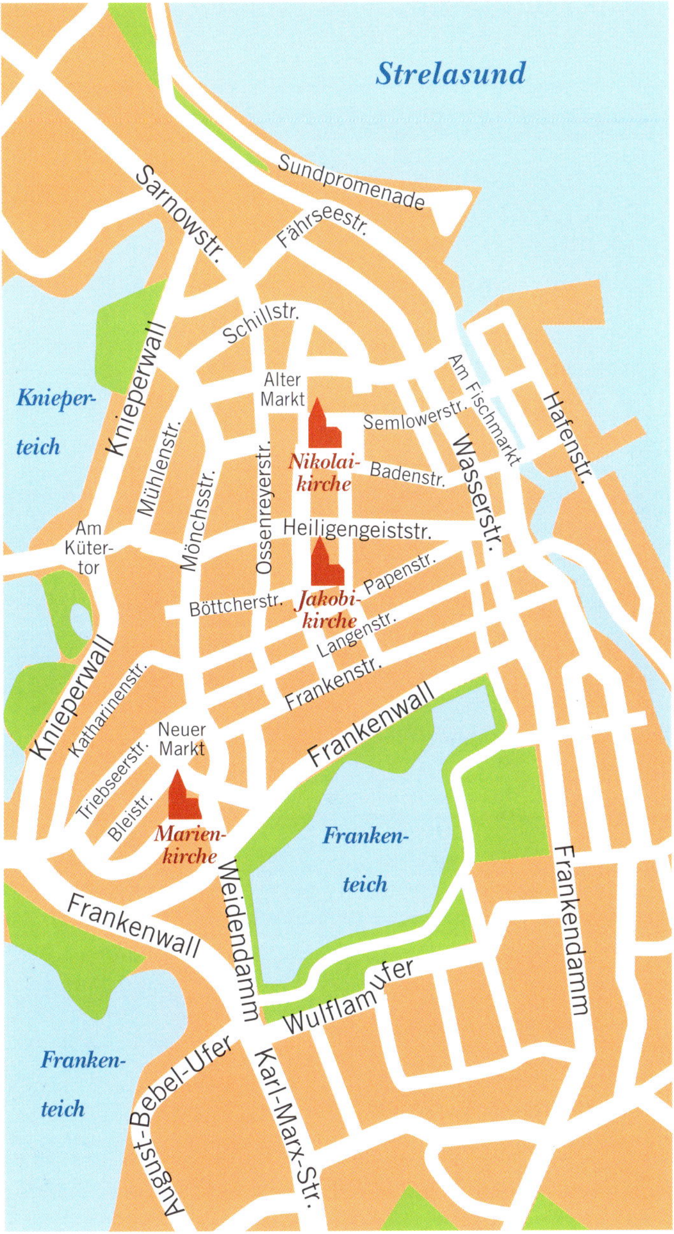
Strelasund
Sundpromenade
Sarnowstr.
Fährseestr.
Schillstr.
Alter Markt
Knieper-teich
Knieperwall
Mühlenstr.
Mönchsstr.
Ossenreyerstr.
Nikolai-kirche
Semlowerstr.
Am Fischmarkt
Hafenstr.
Badenstr.
Wasserstr.
Heiligengeiststr.
Am Küter-tor
Böttcherstr.
Jakobi-kirche
Papenstr.
Langenstr.
Frankenstr.
Katharinenstr.
Knieperwall
Neuer Markt
Triebseerstr.
Bleistr.
Marien-kirche
Frankenwall
Franken-teich
Frankendamm
Frankenwall
Weidendamm
Wulflamufer
Franken-teich
August-Bebel-Ufer
Karl-Marx-Str.

Blick in den Altarraum der Nikolaikirche.

St. Nikolai

Die älteste der drei großen Stralsunder Pfarrkirchen ist St. Nikolai. In der zweiten Hälfte des 13. Jahrhunderts bis zur zweiten Hälfte des 14. Jahrhunderts als dreischiffige Basilika mit Langhauskapellen, Chorumgang und Kapellenkranz erbaut, bildet sie mit dem spätgotischen Rathaus ein beeindruckendes städtebauliches Ensemble. Die Nikolaikirche ist der erste einer ganzen Reihe späterer Nachfolgebauten der Lübecker Marienkirche. Wie zuvor in Lübeck wurde auch in Stralsund die französische Kathedralgotik in die Formensprache des norddeutschen Backsteins »übersetzt«. Ursprünglich hatte die Doppelturmfront gotische Helme. Nach einem Brand im Jahr 1662 erhielt der Südturm eine barocke Haube, während der Nordturm flach gedeckt wurde. St. Nikolai verfügt über eine reiche, kunsthistorisch herausragende Ausstattung: Reste einer mittelalterlichen Ausmalung, gotische Flügelaltäre, ein barockes Rats- und Zunftgestühl, einen von Andreas Schlüter geschaffenen Hochaltar aus dem Jahr 1700 sowie Renaissance- und Barockepitaphien.

Info: St. Nikolai, Alter Markt, 18439 Stralsund – Gottesdienst sonntags 10.00 Uhr

St. Marien

St. Marien ist die Pfarrkirche der Neustadt und zugleich das monumentalste mittelalterliche Bauwerk der Hansestadt. Nachdem 1382 der Turm des Vorgängerbaus eingestürzt war, wurde diese Kirche abgebrochen und durch einen Neubau ersetzt, bei dem es sich um eine Basilika mit dreischiffigem Querhaus und Chorumgang handelt. Besonders prägend für das gesamte Stadtbild ist der gewaltige Westturm. Seine heutige barocke Haube erhielt der Turm Anfang des 18. Jahrhunderts. Der mehr als 32 Meter hohe Innenraum wird heute einerseits durch eine 1842–47 erfolgte Restaurierung im Stil der Neogotik geprägt, andererseits durch die in den 1940er-Jahren freigelegten Gewölbemalereien des Mittelalters. Zur reichen Ausstattung gehören

Perfekt in den gotischen Raum eingepasst: die Stellwagen-Orgel in St. Marien.

spätgotische Heiligenfiguren sowie der spätgotische Marienkrönungsaltar, ein barockes Taufgehäuse, wertvolle Messingkronleuchter und zahlreiche Grabdenkmäler und Epitaphien.

Info: St. Marien, Neuer Markt, 18439 Stralsund – Gottesdienst sonntags 10.00 Uhr

St. Jakobi

St. Jakobi wurde in der ersten Hälfte des 14. Jahrhunderts im Bereich zwischen der Alt- und der Neustadt erbaut. Ursprünglich als Hallenkirche ausgeführt, erhielt sie im späten 14. und frühen 15. Jahrhundert durch die Erhöhung des Mittelschiffs ihren heutigen basilikalen Charakter. 1944 wurde die Kirche bei einem Bombenangriff schwer beschädigt. Glücklicherweise war die wertvolle Ausstattung vorher ausgelagert worden. Mit der

Sicherung dieses bedeutenden Bauwerks der norddeutschen Backsteingotik war bereits in den 50er- und 60er-Jahren begonnen worden, ohne dass die Arbeiten in der DDR-Zeit abgeschlossen werden konnten. Die Wiederherstellung der Jakobikirche ist seit einigen Jahren eines der wichtigsten Projekte der Deutschen Stiftung Denkmalschutz.

Info: St. Jakobi, Jacobiturmstraße, 18439 Stralsund
Zurzeit keine Gottesdienste

Die Mehmel-Orgel in St. Jakobi, zurzeit nur ein Torso, wird in wenigen Jahren wieder erklingen.

Die Orgeln

Die Stellwagen-Orgel in St. Marien

Die kunst- und musikhistorische Bedeutung der Orgel in der Marienkirche reicht weit über den norddeutschen Raum hinaus. Sie ist die größte in Europa erhaltene Orgel aus der Mitte des 17. Jahrhunderts und zugleich die älteste noch spielbare Orgel in Mecklenburg-Vorpommern. Erbaut wurde sie in den Jahren 1653–59 von Friedrich Stellwagen aus Lübeck. Das Instrument verfügt über 51 Register, die auf drei Manuale und Pedal verteilt sind. Zwei in Werkaufbau und Klangkonzept vergleichbare Instrumente in der Lübecker Marien- und der Hamburger Katharinenkirche sind nicht mehr erhalten. Die Stralsunder Stellwagen-Orgel repräsentiert die Orgelbaukunst der Mitte des 17. Jahrhunderts in vollendeter Form. Anders als bei den meisten Barockorgeln mussten ihre Zinnprospektpfeifen während des Ersten Weltkriegs nicht für Rüstungszwecke abgegeben werden. Der Zinnprospekt aus dem Jahr 1659, der in seiner ursprünglichen Form komplett erhalten blieb, enthält das älteste in Deutschland noch klingende 32'-Prinzipalregister. So prächtig wie der Klang dieser weltberühmten Orgel ist auch die mehr als

Der prächtige Prospekt der Stellwagen-Orgel in St. Marien wird von Trompetenengeln bekrönt.

20 Meter hohe reich verzierte Schauseite, die in idealer Weise in den gotischen Raum der Marienkirche eingefügt wurde.

Dank zahlreicher Spenden und dem Engagement der Hermann Reemtsma Stiftung wird jetzt die vollständige Restaurierung der Stellwagen-Orgel möglich. Die Arbeiten sollen 2004 beginnen und 2007 abgeschlossen sein.

Die Orgel: 1653–1659 Friedrich Stellwagen, Lübeck – 1951–1959 Wiederaufbau nach Auslagerung im Zweiten Weltkrieg durch Alexander Schuke Orgelbau, Potsdam – III/P 51 – Mechanische Schleifladen

Die Buchholz-Orgel in St. Nikolai

Die Orgel der Nikolaikirche ist ein Werk des Berliner Orgelbaumeisters Carl August Buchholz, der in der Tradition von Gottfried Silbermann und Joachim Wagner stand. Das Instrument, das über 55 Register, drei Manuale und Pedal verfügt, entstand in den Jahren 1839 bis 1841. Die Stralsunder Orgel ist das größte in Deutschland erhaltene Instrument von Buchholz. Stilistisch steht sie zwischen Barock und Hochromantik, eignet sich also sowohl für die Interpretation der Musik von Johann Sebastian Bach als auch der Orgelwerke von Felix Mendelssohn Bartholdy oder Robert Schumann. Die Orgel ist schon seit längerer Zeit nicht mehr spielbar. Die von der Deutschen Stiftung Denkmalschutz unterstützten umfangreichen Rekonstruktions- und Restaurierungsarbeiten werden gemeinsam von den Firmen Klais, Bonn, und Kristian Wegscheider, Dresden, ausgeführt und sollen 2006 abgeschlossen sein.

Die Orgel: 1839–1841 Carl August Buchholz, Berlin – im 20. Jahrhundert mehrfach umgebaut und verändert – ursprünglich III/P 55 – Mechanische Schleifladen

Die Buchholz-Orgel auf der Westempore von St. Nikolai.

Die Mehmel-Orgel in St. Jakobi

Innerhalb von acht Jahren (1870–1877) errichtete der ortsansässige Orgelbaumeister Friedrich Albert Mehmel mit seiner Werkstatt die Orgel der Jakobikirche. Mit 68 Registern, vier Manualen und Pedal ist dieses größte Werk Mehmels nicht nur die umfangreichste Orgel jener Epoche in Stralsund, sondern zugleich eines der größten Instrumente überhaupt in Deutschland. Als sie 1877 geweiht wurde, galt sie als eine der klangschönsten Orgeln ihrer Zeit. Mehmel war Schüler von Friedrich Ladegast, dessen Orgelbaustil er in Norddeutschland verbreitete. Die Deutsche Stiftung Denkmalschutz unterstützt die umfassenden Restaurierungsarbeiten, die voraussichtlich nach Fertigstellung der Orgeln in St. Marien und St. Nikolai beginnen werden.

Mit 68 Registern ist die Orgel in St. Jakobi das größte Werk von Friedrich Albert Mehmel.

Die Orgel: 1870–1877 Friedrich Albert Mehmel, Stralsund – 1945 ausgeplündert – ursprünglich IV/P 68 – Mechanische Schleifladen

Touristische Informationen: Tourist-Information Stralsund, Tel.: 038 31/246 90

Informationen zu den Restaurierungsprojekten, zum Baltischen Orgelzentrum und zur Kirchenmusik in Stralsund im Internet unter: www.orgelzentrum.de und www.stellwagen.de

Glossar

WINDLADE Technisches Herzstück der Orgel. Auf der Windlade stehen die Pfeifen. In der Windlade befinden sich die verschiedenen technischen Bauteile, die die Windzufuhr zur Pfeife steuern.

REGISTER Pfeifenreihe gleicher Bauart mit gleichem Klangcharakter vom tiefsten bis zum höchsten Ton.

MECHANISCHE TONTRAKTUR Die Verbindung zwischen Taste und Tonventil erfolgt auf rein mechanische Weise, d. h. mit Hilfe von Drähten, Abstrakten (dünne Holzleisten), Wellen und Winkeln.

PNEUMATISCHE TRAKTUR Die Verbindung zwischen Taste und Pfeifenansteuerung erfolgt mit Hilfe von Druckluft, die über Bleileitungen geleitet und mit verschiedenen Ventilen, Membranen und Bälgchen gesteuert wird.

ELEKTRISCHE TRAKTUR Durch Tastendruck wird ein elektrischer Kontakt zu einem Elektromagneten an der Windlade hergestellt. Dieser steuert das Tonventil.

Erläuterungen zu den Orgelinformationen

Beispiel: 2/P 13 heißt: Die Orgel verfügt über zwei Manuale, Pedal und 13 Register.

Bildnachweis

Fotografien: Michael Lange, Dresden.
Außerdem: K.-B. Kertscher (Ullstein Bilderdienst): S. 132/133
Jens Köhler, Stralsund: S. 136, 139, 142
Volkmar Herre, Stralsund: S. 138, S. 140
Stefan Sauer, Stralsund: S. 141

Nützliche Internet-Adressen

www.orgelzentrum.de
www.stellwagen.de
www.kirchenmusik-mecklenburg.de
www.kirche-mv.de

Impressum

Axel-Springer-Platz 1, D-20350 Hamburg
Telefon: 040/347 222 72, Telefax: 040/347 122 72
E-mail: abendblatt-buecher@asv.de
www.abendblatt.de
Lektorat: Dorothee von Kügelgen
Gestaltung und Herstellung: Peter Albers
Karten: House of Typo Michael Köhn, Hamburg
Satz und Lithographie: Albert Bauer KG, Hamburg
Druck und Bindearbeiten: Druckerei zu Altenburg, Altenburg
Printed in Germany
ISBN 3-921305-26-8